Peter und Caroline Rüfenacht

Lieblingsrezepte der
Schweizer Spitzenköche

Peter und Caroline Rüfenacht

Lieblingsrezepte der Schweizer Spitzenköche

© by www.jugendsozialwerk.ch

Idee und Realisation: Caroline und Peter Rüfenacht
Satz und Druck: Druckerei Dietschi AG, Waldenburg
Buchbinderei: Grollimund AG, Reinach
Herausgegeben: Stiftung Jugendsozialwerk Blaues Kreuz Baselland
Erschienen im November 2010

ISBN 978-3-905404-56-2

Ein herzliches Dankeschön

Es ist uns eine grosse Freude, dieses Buch veröffentlichen zu können! Es ist wohl einmalig, dass sich so viele Schweizer Spitzengastronomen mit ihren Lieblingsrezepten für ein Kochbuch begeistern liessen. Sie haben spontan zugesagt, als wir um einen Beitrag für das Buchprojekt der Stiftung Jugendsozialwerk Blaues Kreuz BL baten. Herzlichen Dank!

Entstanden ist ein abwechslungsreiches Kochbuch mit kreativen Rezepten und wunderbaren Fotos. Das Motto lautet: durchblättern – ausprobieren – geniessen. Alle, die sich von den namhaften Gastronomen inspirieren lassen, können ihre Familie und Gäste mit einer Augenweide und einem Gaumenschmaus verwöhnen.

Die Rezepte sind Beispiele für eine gesunde Ernährung; in der Zubereitung der Gerichte wird die Verwendung von frischen und regionalen Produkten betont. In einer Zeit von Fast Food und Fertigmenus setzt dieses Buch einen Akzent gegen den Zeitgeist.

Wir danken dem Vorsteher der Volkswirtschafts- und Gesundheitsdirektion des Kantons Baselland, Regierungsrat Peter Zwick, für sein Vorwort zu diesem Kochbuch.

Auch danken wir Urs Eggenschwiler und Silvana Grolimund von der Druckerei Dietschi AG herzlich für die Unterstützung des Projekts.
Finanzielle Unterstützung erhielten wir von den Firmen Nestle Waters, Delitrade Fine Goods, Merat Comestible und der Gebäudeversicherung Baselland. Wir sprechen unseren grossen Dank aus – ohne deren Beiträge wäre das Buch nicht zustande gekommen.

Der Erlös des Buches kommt der Offenen Jugendarbeit des Jugendsozialwerks zugute, damit viele junge Menschen Perspektiven für ihr Leben entdecken.

Wir wünschen Ihnen viel Freude und Spass mit Ihrem neuen Kochbuch!

Hans Eglin, Geschäftsführer	Caroline und Peter Rüfenacht,
Stiftung Jugendsozialwerk	Restaurant Falken, Liestal
Blaues Kreuz BL	

The Healthy Hydration Company™

Vorwort

Regierungsrat **Peter Zwick**
Vorsteher Volkswirtschafts-
und Gesundheitsdirektion
Basel-Landschaft

Spitzenküche für zu Hause

Die Stiftung Jugendsozialwerk Blaues Kreuz Baselland hatte die ausgezeichnete Idee, ein Kochbuch mit Rezepten von Schweizer Gourmetköchen herauszugeben. Das Buch vereinigt Lieblingsrezepte von Küchenchefs aus ganz unterschiedlichen Regionen unseres Landes, wobei die Nordwestschweiz – diese Anmerkung sei mir erlaubt – sehr gut verteten ist. Das freut mich natürlich besonders.

Dieses Kochbuch führt uns in eine Küche, die mit Fertigprodukten, Convenience Food und Päcklisauce ziemlich radikal aufräumt. Die Feinschmecker-Rezepte sind uns eine Anleitung mit vielen guten Tipps für ein wirklich gutes Essen, welches auf frischem Gemüse, Früchten in bester Qualität, naturnah produziertem Fleisch, gesunden Kräutern und Eiern von Freilandhühnern aufbaut. Und wenn die Zutaten auch noch aus der eigenen Region kommen umso besser; auch wenn wir uns bewusst sein müssen, dass es ohne Kompromisse nicht geht.

Die Küchenchefs entführen uns mit ihren Rezepten in eine kulinarische Welt, in der es um mehr geht als das blosse Zubereiten von Speisen oder eines schnellen Mittagessens unter Zeitdruck. Die abwechslungsreichen Rezepte aus nah und fern für Vorspeisen, Hauptgerichte und Desserts sollen uns anregen zu einem kreativen und lustvollen Kochen, das alle unsere Sinne einbezieht und das Kochen – wenn wir es denn wollen – zu einem leidenschaftlichen Erlebnis macht. Schon nur die Bilder dieses Buches vergegenwärtigen, wie sehr ein ansprechendes Menü eben auch etwas fürs Auge sein muss.

Gute Rezepte sollen aber auch unsere Fantasie anregen und uns ermutigen, Neues zu entdecken, weitere Varianten zu versuchen, uns von neuen Einfällen leiten zu lassen. Erst wenn wir uns beim Kochen von unserem Gefühl inspirieren und führen lassen und uns dafür die nötige Zeit nehmen, werden wir diese Rezepte in wunderbare Gerichte zu unserer grössten Freude verwandeln. Alle, die wir damit verwöhnen, werden es uns zu danken wissen.

Zur Volkswirtschafts- und Gesundheitsdirektion des Kantons Basel-Landschaft gehören Fachgebiete wie die Landwirtschaft und Ernährung, der Tierschutz, Jagd und Fischerei, aber auch die Lebensmittelkontrolle und die Gesundheitsförderung. So gesehen ist das «Ressort» Kochen gewissermassen in meiner Direktion angesiedelt. Ich begrüsse darum dieses Kochbuch als willkommenen Beitrag für eine frische, gesunde und schmackhafte Küche und als Bereicherung unserer kulinarischen Vielfalt. Den Meisterköchinnen und Meisterköchen danke ich dafür herzlich.

Viel Freude beim Kochen.

Inhaltsverzeichnis

Vorspeisen

Ackermann Bernd	Baumkuchen Domino vom Bündnerfleisch und Engadiner Bergkäse, auf «meine Art»	12–13
Bamas Philippe	Crème brûlée de foie gras de canard	14–15
Bumann Daniel	Liebstöckelsuppe mit zweierlei vom Zander	16–17
Fetz Gion	Dolder Beef Tartar	18–19
Fliegauf Rolf	Kalte Erbsensuppe mit Zitronenverveine	20–21
Grisel Vincent	Forellen Sashimi mit Himbeeressig, Wasabi Sorbet und Espuma	22–23
Leimbach Jan	San Marzano-Tomaten-Tarte mit Rotwein-Schalotten-Konfit, Rohmilch-Taleggio und wildem Rucola	24–25
Maeder René	Kandertaler Fischsuppe mit Stör aus dem Frutiger Tropenhaus, Bioforelle aus dem Blausee und Flusskrebsschwänzen an Munder Safran	26–27
Messerli Urs	Heissrauch-Seeforelle auf Kartoffel-Frühzwiebel-Salat und Berner Zungenwurst	28–29
Pazeller Rudolf	Carpaccio vom Rehrücken	30–31
Pfister Thomas	Felchenmousse im Grindelwalder Rauchspeckmantel auf Mutschlibrot	32–33
Plank Florian	Süsskartoffelsuppe mit Ingwerscones	34–35
Vollweiter Markus	Suhrer Geissenkäsetörtchen mit Quittengelee und Früchtebrot	36–37
Wadel Cyril	Kokosnuss-Capuccino auf Curry-Suppe und Poulet Satay mit Zitronengras-Spiess	38–39

Hauptspeisen

Arpagaus Linus	Kalbskotelette auf Sursilvaner Pizochels	42–43
Dalsass Martin	Gli gnocchetti di olive verdi con scampi	44–45
Domingo S. Domingo	Entenbrust, Krevetten, Soja, exotische Gewürze, Marktgemüse	46–47
Dütsch Irma	Poularde au foin de la Gruyère, mousseline safranée	48–49
Fermi Flavio	Island-Kabeljau, Cassoulet von Bärenkrebs, sardische Tomate und grüne Bohnen, Parmesanschaum und Eierschwämmli	50–51
Fischer Thierry	Tranche vom Freilandschwein, Quark-Knöpfli, «Vergessenes Gemüse» und Sauce mit Single Malt	52–53
Fuchs Fabian	Rindsfilet «Chili con Carne»	54–55
Götz Torsten	Oberländer Forelle/Limonen-Olivenöl/Grüne Sauce/«Rubli» Speck/Belper Knolle	56–57
Heiniger Rolf	Rosa gebratenes Lamm-Entrecôte mit Rucolapesto, Sommergemüse und Ofenkartoffeln	58–59
Holenstein Jeremy	Kurz gegrillter yellow-fin Thunfisch auf Caponata und schwarzen Linguine	60–61
Hussong Hans-Peter	Crépinette von Ochsenschwanz, in Rotwein geschmort	62–63
Jillich Tobias	Gamsrücken aus hiesiger Jagd auf buntem Kartoffel-Gemüseallerlei mit weissem Wacholderschaum	64–65
Krebs Sebastian	Gebratene Jakobsmuschel an Safran-Pernod-Schaum mit Eierschwämmliravioli	66–67

Läser Michel	Grillierter Entrecôte-Würfel vom Dam-Hirsch mit Lebkuchen-Kaffee-Sauce auf gedünstetem Herbstgemüse, begleitet von Kräuter-Stampfkartoffeln parfümiert mit Vanille und knuspriger Mandel-Kokos-Banane	68–69
Moser Peter	Kabeljau im Lauchmantel mit Limonenpüree und Kalbsjus	70–71
Müller-Wirz Madeleine	Poulardenbrust auf Kräuterrahmnudeln	72–73
Neff Markus	Poularde in der Salzkruste mit Thymian-Kartoffelpüree	74–75
Pont Martin	Thunfisch in Sesamkruste mit japanischem Gurkensalat und Wasabi Mayonnaise	76–77
Quickert Alexander	Teriyaki vom Rindsfilet mit knusprigen Sesamblättern und Gemüse	78–79
Rodenkirchen Stephan	Safran-Nudeln mit grünen Spargeln und Cherry-Tomaten	80–81
Rufibach Heinz	Sauerkraut-Risotto, Green Tiger Gambas mit Lardo di Colonnata	82–83
Sallin Dominique	Spaghetti «La Planüra»	84–85
Schlatter Jasmin, Lütold David	Im Ofen überbackener Nudelauflauf mit Waldpilzen und Spinat	86–87
Schmid Roland	Roland Schmid's gebratenes Rotbarbenfilet auf Rheintaler Ribel an Brennnessel-Cremesauce mit sautierten Eierschwämmli	88–89
Weber Michael	Im Ofen geschmortes Kalbsbäckchen mit Kartoffel-Trüffelpüree und Gemüse	90–91

Desserts

Amrein Armin	Gebackene Pfirsichröllchen mit Kikkoman-Honig-Dip und Zitronengraseis	94–95
Fässler Käthi	Biberflade-Schoggi-Auflauf	96–97
Grob Rolf	Pralinen-Parfait mit Weichselkirschen an Amarettobutter	98–99
Rüfenacht Peter	Leicht gebrannte Creme mit Kafirlimettenblätter	100–101
Sutter Michel	Heidelbeer-Quarkschaum mit Kaiserschmarrn, Heidelbeerkompott und Joghurteis	102–103

www.delitrade.ch

Erst in guten Händen. Dann in aller Munde.

Delitrade AG · Libernstrasse 24 · CH-8112 Otelfingen · Telefon +41 (0)43 411 60 00 · Fax +41 (0)43 411 60 06 · info@delitrade.ch · www.delitrade.ch

Vorspeisen

Bernd Ackermann

Seit neun Jahren steht der 42-jährige Bernd Ackermann in den Diensten des Fünf-Sterne-Hotels Suvretta House in St. Moritz. Seine Kochausbildung hat er in einem Gourmettempel erster Güte in Angriff genommen, Raub's Restaurant in Kuppenheim-Oberndorf. Die Gast-stätte kann mit einem Michelinstern und 18 GaultMillau-Punkten aufwarten, weitere Stationen waren u.a.: Wald- & Schlosshotel Friedrichsruhe bei Lothar Eiermann (zwei Michelinsterne, 18 GaultMillau-Punkte), Kulm Hotel St. Moritz, Burj al Arab Hotel Dubai, Peninsula Hotel in Bangkok und Hong Kong sowie Le Croco-dile bei Emile Jung in Strasbourg. Kein Wunder also, dass Ackermann von Helen und Vic Jakob ins Suvretta House berufen wurde. Hier pflegt er zusammen mit bis zu 45 Köchen und sechs Lehrlingen eine französische marktfrische moderne leichte Küche mit internationalen Einflüssen und asiatischen Aromen, alles der Jahreszeit angepasst. Wichtig ist Ackermann die Herstellung der Speisen und Gerichte von Grund auf. Neben dem Beruf sind ihm die Familie mit Tochter, seine Passion für Sportwagen und Harley Davidson, Uhren und vor allem das Sammeln alter Kochbücher (ca. 3000 Werke!) und das Ausüben verschiedener Sportarten wichtig.

Hotel Suvretta House

Es gibt noch Orte auf der Welt, wo die Tradition gehobener Gastfreundschaft gelebt wird. Wo Sie in einem exklusiven Ambiente mit 5-Sterne-Komfort verwöhnt werden. Wo man Ihnen die Wünsche von den Lippen abliest und dennoch Ihre Privatsphäre respektiert. Herzlich willkommen im Suvretta House. Hier erwarten Sie 14 GaultMillau-Punkte.

www.suvrettahouse.ch

Baumkuchen-Domino vom Bündnerfleisch und Engadiner Bergkäse, auf «meine Art»

Zutaten

Bündnerfleisch (für mich von Ludwig Hatecke das Beste)
Bergkäse / Halbhart (z. B. Ftaner Bergkäse)
Schwarze Trüffel (nach Wunsch)

Bündnerfleisch und Bergkäse mit der Aufschnittmaschine in gleichmässige Scheibendicke schneiden (nicht zu fein) und abwechselnd übereinander legen.

Vereinzeld schwarze hauchfeine Trüffelscheiben mit einlegen (nach Wunsch).
Die Schichthöhe sollte ungefähr 2 cm ergeben, die erste und letzte Scheibe sollte vom Bündnerfleisch umschlossen sein. Es sind ca. sieben Scheiben Bündnerfleisch und sechs Scheiben Bergkäse übereinander gelegt.

Nun den geschichteten Bündnerfleisch-Bergkäse-Ziegel in Klarsichtfolie einpacken, in einen passenden Vakuumbeutel geben und bei höchster Stufe einvakuumieren. Hat man keine Vakuummaschine, sollte der Ziegel mit etwas Schwerem belegt werden. Den Bündnerfleisch-Bergkäse-Ziegel für 2 bis 3 Stunden im Kühlschrank kühlen.

Mit einem scharfen Messer gleichmässige Würfel (Dominos) schneiden, sodass ein Muster wie bei einem Baumkuchen entsteht.
Mit einem Spiess in der Mitte des Würfels fixieren.

Die aufgeschnittenen Bündnerfleisch-Käse-Dominos, nach Wunsch mit gehobeltem schwarzem Trüffel garnieren. Man kann dies auch jederzeit ohne Trüffel zubereiten!

Ein herrlicher Snack für einen besonderen Apéro-Anlass. Kann jederzeit auch 2 bis 3 Tage im Voraus zubereitet werden.

En guete, Bernd Ackermann

Philippe Bamas

Philippe Bamas ist im französischen Bourg-en-Bresse geboren und verbrachte seine Kindheit in der wunderschönen Provence, nahe der Hafenstadt Marseille. Nach verschiedenen Stationen im In- und Ausland lernte er seine Frau Muriel kennen und fasste so Fuss in der Region Basel, wo er sich unter anderem bei Hans Stucki weiterbildete. Zuletzt war er während sechs Jahren Executive Chef bei Berchtold Catering im St.-Jakob-Park Basel und unter anderem verantwortlich für Grossanlässe bis 1000 Personen.
Im Jahre 2007 entschied sich Philippe Bamas für die Selbstständigkeit und fand in der Sonne in Bottmingen die besten Voraussetzungen, um seine kreative, mediterran-südfranzösische «La Cuisine du Soleil» zu verwirklichen. Mit diesem Konzept, welches seine grosse Leidenschaft für die Kochkunst zum Ausdruck bringt, möchte Philippe Bamas den Gästen den Besuch in seinem Restaurant zu einem Erlebnis werden lassen. Probieren Sie es aus, es lohnt sich!

Restaurant Sonne – La Cuisine du Soleil

Das denkmalgeschütze Restaurant im Zentrum von Bottmingen, 5 km vom Stadtzentrum von Basel, wurde stilvoll und mit viel Charme renoviert und im Jahr 2007 nach langer Atempause unter dem Motto «La Cuisine du Soleil» wiedereröffnet. Das Gourmetrestaurant erstreckt sich auf zwei Etagen und ist mit einer modernen Treppe verbunden. Wer das Lokal betritt, fühlt sich sofort wohl.
Auch das angrenzende kleine Bistro ist ein beliebter Treffpunkt.
Anlässe und Bankette sind willkommen und bis 60 Personen möglich.

www.sonne-bottmingen.ch

Crème brûlée de foie gras de canard

Zutaten

300 g	frische Entenleber
125 g	Milch
125 g	Vollrahm
100 g	Eigelb
1 SL	Maizena
	Salz
	Pfeffer aus der Mühle
	Cayennepfeffer
1 cl	Cognac

Milch und Vollrahm zusammen aufkochen. Entenleber in kleine Würfel schneiden und zusammen mit der Milch und dem Vollrahm in einem Mixer vermengen. Anschliessend die restlichen Zutaten in die Masse geben und nochmals mixen. Bei Bedarf abschmecken. Die Masse in Förmchen giessen und im Dampfgarer bei 85° oder im Wasserbad bei 150° im Ofen während 35–40 Minuten garen. Abkühlen lassen und mit braunem Kristallzucker und einem Brenner karamellisieren. Mit Blattsalaten auf einem Teller anrichten und mit Toast servieren.
Bon Appétit

Daniel Bumann

Daniel, der kreative Chef, steht täglich selber mit am Herd, fordert und fördert das Chesa-Pirani-Dream-Team. Daniel ist am 19.12.1958 als zweites von vier Kindern in Basel geboren, stammt aus Saas Fee VS und ist im elterlichen Gasthof oberhalb von Saas Fee aufgewachsen. Nach der Kochlehre in Leukerbad führten ihn seine Stationen quer durch die Schweiz. 1981 bis 1990 zeichnete Daniel als Küchenchef in zwei Erstklasshäusern. In dieser Zeit absolvierte er auch mit Erfolg die höhere Fachprüfung als Eidg. dipl. Küchenchef und wurde Weltmeister und Olympiasieger. Seit 1990 ist er selbstständig. Zusammen mit seiner Frau Ingrid führt er seit 1995 die Chesa Pirani in La Punt bei St. Moritz im schönen Engadin.

Bumanns Chesa Pirani

Geniessen Sie kreative Sterne-Küche und natürliche Herzlichkeit in den Original Engadiner Arvenholzstuben. Ihr Gourmet-Restaurant im Engadin ist in nur 10 Minuten von St. Moritz aus erreichbar.
Mit Liebe und Sorgfalt verarbeiten wir à la seconde ausschliesslich Frischprodukte; diese werden vom Chef persönlich täglich frisch eingekauft. Unsere Spezialität sind die Menüs mit Safran aus Mund im Wallis.

www.chesapirani.ch

Liebstöckelsuppe mit zweierlei vom Zander

Zutaten

170 g	Zanderfilet, ohne Haut
75 g	Rahm
	Salz und Pfeffer aus der Mühle
50 g	Frühlingszwiebeln
100 g	Kartoffeln
1,2 l	Gemüsebrühe
1,5 dl	Rahm
140 g	Butter
1 cl	Olivenöl
30 g	Liebstöckel
	Salz und Pfeffer aus der Mühle

Vorbereitung
60 g vom Zanderfilet in dünne Tranchen schneiden, mit Salz und Pfeffer würzen und beiseitestellen.
Das restliche Zanderfilet gut gekühlt in grössere Streifen schneiden, mit Salz und Pfeffer würzen, im Cutter verkleinern, nach und nach den Rahm dazuarbeiten und eine geschmeidige Farce herstellen. Falls notwendig, nochmals etwas abschmecken und in kleine ausgebutterte Förmchen füllen. Im Wasserbad auf kleinem Feuer pochieren, aus den Förmchen lösen und mit den marinierten Zandertranchen belegen, in die bereitgestellten Suppenschalen anrichten.
Für die Suppe die Frühlingszwiebel und die Kartoffeln in Scheiben schneiden, mit 40 g Butter dünsten und etwas würzen. Die Gemüsebrühe dazugiessen und das Ganze leicht sieden, bis die Kartoffeln weich sind.
Den Liebstöckel fein schneiden und im Olivenöl backen. Ein paar Tropfen dieses Liebstöckelöls über den Zander träufeln.
Den Rest mit dem Rahm und der restlichen Butter mit dem Mixer unter die Suppe mixen, durch ein nicht zu feines Sieb passieren. Falls notwendig, noch etwas nachwürzen.

Anrichten
Vor dem Servieren die Suppe nochmals schaumig aufmixen und zum Zander in die Suppenschalen giessen.

Gion Fetz

Foto: Paolo Faccinetto

Der Bündner Gion Fetz (41) absolvierte seine Ausbildung zum Koch in Arosa im Kulm Hotel. Nationale und internationale Erfahrung als Küchenchef sammelte er in Caduff's Wineloft in Zürich, im Paradise Beach Resort auf Koh Samui in Thailand, im The Rembrandt Hotel in Bangkok sowie im Medufushi Resort auf den Malediven. Zurück in der Schweiz gab er als Fachlehrer für Kochlehrlinge sein Wissen weiter und fungierte ausserdem als Prüfungsexperte für Gastronomiekoch-Prüfungen. 2007 übernahm er die Stelle als Küchenchef im Viersternehotel Dolder Waldhaus in Zürich, das ebenfalls Teil des Dolder Resorts ist, und wechselte im März 2010 ins Dolder Grand, wo er für das Garden Restaurant, die Lobby und Bar, den Room Service sowie Bankette verantwortlich ist. Obwohl ihn aufgrund seiner ausländischen Tätigkeit die Thai-Küche fasziniert, isst er immer noch am liebsten Capuns von seiner Mutter.

Garden Restaurant

Das helle, moderne Garden Restaurant mit einem Angebot an leichter, europäischer Küche und Schweizer Gerichten steht nicht nur Hotelgästen des Dolder Grands, sondern auch externen Gästen offen. Im Sommer lockt die grosse Panorama-Sonnenterrasse mit Lounge-Ecke. Die erhöhte Lage des City Resorts bietet eine herrliche Sicht auf die Stadt Zürich, den See und die Alpen und lässt rasch Feriengefühle aufkommen. Sehr beliebt ist der Sonntagsbrunch mit einem reichhaltigen Buffet: klassisches Frühstück, Vorspeisen und Antipasti, verschiedene warme Gerichte sowie das fantasievolle Dessertbuffet.

www.thedolderresort.com

Foto: Heinz Unger

Dolder Beef Tartar

Zutaten

Tomaten Ketchup
5 Stk	Äpfel
7 Stk	Schalotten
15 Stk	reife Tomaten
200 g	Zucker
1 Prise	Salz und Pfeffer
	Apfelbalsamico
	Tomaten-Ketchup Heinz
	Senf
2 Stk	Kardamon
2 EL	Tomatenmark
1 Prise	Zimtpulver

Tartar
60 g	Rindfleisch gehackt
1 TL	Kapern gehackt
1 TL	Schalotten gehackt
1 TL	Essiggurken gehackt
½ TL	Sardellen gehackt

Garnitur

Kräutersalat, Kaperncreme und Shot Macallan Whiskey

Ketchup
Zucker karamellisieren. Geschnittene, geschälte Äpfel und gehackte Schalotten dazugeben.
Mit Balsamicoessig ablöschen.
Alle anderen Zutaten dazugeben und bei leichter Hitze etwa 10 Minuten köcheln lassen.
Pürieren und passieren.

Tartar
Gehacktes Rindfleisch mit den Kapern, Schalotten, Essiggurken und Sardellen vermischen.
Zwei Esslöffel des hausgemachten Ketchups dazugeben und mit Salz und Pfeffer abschmecken.

Garnitur
Das Tartar in ein Glas einfüllen und mit dem Kräutersalat, der Kaperncreme und dem Macallan nett präsentieren.
Mit getoastetem Graham Toast und Butter servieren.

Nach Geschmack mit Sambal Oelek schärfen.

Rolf Fliegauf

Rolf Fliegauf, der erst 29-jährige Küchenchef des Restaurants ECCO im Hotel Giardino in Ascona ist der jüngste Sterne-Koch der Schweiz. Der Guide Michelin zeichnete den Jungstar Ende 2007 mit dem begehrten Stern aus und machte damit das Hotel Giardino zum ersten Michelin-Sterne-Haus des Tessins.

Ristorante ECCO

Im Ristorante ECCO, das mit einem Stern Michelin ausgezeichnet ist, geniessen Sie eine Aromenküche der besonderen Art. Edle Grundprodukte werden leicht und modern zubereitet. Kreative Kombinationen und intensive Nuancen eröffnen neue Geschmackswelten und lassen Ihren Abend zu einem unvergesslichen Gourmetabenteuer werden.

www.giardino.ch

Kalte Erbsensuppe mit Zitronenverveine

Zutaten

100 ml	Ginger Ale
150 ml	Champagner
50 ml	Muschelfond
800 ml	Geflügelfond
1	Chillischote
10 g	Ingwer
1 Stange	Zitronengras
70 g	Sauerrahm
800 g	Erbsen
50 g	Zitronenverveine
1	Limone
	Salz
	Cayenne

Geflügelfond mit Zitronengras, Ingwer und Chillischote aufkochen, Topf vom Herd nehmen, 20 Minuten ziehen lassen und passieren.

Erbsen kurz in kochendem Salzwasser 30 Sekunden blanchieren, in Eiswasser abkühlen und mit der aromatisierten Geflügelbrühe, Sauerrahm und Zitronenverveine im Mixer fein pürieren.

Ginger Ale und Champagner in einen Topf geben und auf 60 ml reduzieren, mit Muschelfond mischen und in die Erbsensuppe rühren.

Suppe mit etwas Saft und Abrieb einer Limone, Cayenne-Pfeffer und Salz abschmecken und durch ein feines Sieb passieren.

Die Suppe im Kühlschrank aufbewahren und nach Belieben servieren.

Vincent Grisel

Vincent Grisel ist am 08.12.1980 geboren.

Kochlehre im Bad Muntelier 1996–1999 beim Küchenchef Peter Moos
Zusatzausbildung im Restaurant de L'ours in Sugiez 1999–2000 beim Küchenchef Werner Rätz
01.08.2002–30.11.2002 chef de partie im Restaurant Auberge des Clefs Werner Rätz

Weitere Stationen
Restaurant St-Honoré Neuchatel Chef de cuisine
Hotel Schiff Murten Sous chef de cuisine
Hotel le Vieux Manoir Meyriez Sous chef

Schloss Salavaux

Ursprünglich erbaut im 11. Jahrhundert und im 14. Jahrhundert, aus dieser Zeit ist nur noch der Rundturm vorhanden.
Im 16. Jahrhundert wurden die Scheune, die Mühle und diverse Anbauten gemacht.
Der Zweck war mal Sitz des Pfarrers, Sitz der Familie von Wattenwyl, Bauerngut, Sitz der Albert-Schweizer-Gedenkstätte und vieles mehr.
1980 wurde die Liegenschaft von der damaligen Besitzerfamilie in einem sehr baufälligen Zustand verkauft.
Zwei Privatbesitzer mit unterschiedlichen Konzepten versuchten ihr Glück. 1996 endete die letzte Episode im Konkurs.
Durch Zufall wurden wir auf die Liegenschaft aufmerksam und haben mit verschiedenen Fachleuten das heutige Hotel-Restaurant-Konzept erarbeitet und realisiert.
Seit Mitte April 2009 sind meine Frau und ich zusammen mit der Schloss Salavaux GmbH Pächter und erfreuen uns einer grossen Beliebtheit bei Kunden aus nah und fern. Wir sind nominiert für den Best of Swiss Gastro im Bereich Gourmet und demnächst dürften die Ergebnisse von Michelin und GaultMillau bekannt werden.
Gemäss einer Reportage im «Schweizer Hotelier» können wir mit einem guten bis sehr guten Resultat rechnen.

www.schloss-salavaux.com

Forellen Sashimi mit Himbeeressig, Wasabi Sorbet und Espuma

Wasabi Sorbet
Wasser, Zucker, Glukose und Saft der Zitronen mischen und anschliessend aufkochen
Wasabi und einige Tropfen grüne Lebensmittelfarbe beifügen
Masse auskühlen lassen und in der Eismaschine gefrieren lassen

Espuma Wasabi
Wasabi und Weissweinessig mischen
Eigelb, Eiweiss, Sonnenblumenöl und Senf beigeben und gut mischen
Mit Salz und Pfeffer würzen und 2–3 Tropfen grüne Lebensmittelfarbe beigeben (für einen schöneren Farbton)
Beide Produkte miteinander vermengen
Gelatine im kalten Wasser einweichen
Cognac erwärmen, eingeweichte Gelatine beigeben anschliessend in die Masse einrühren
Masse durch ein feines Sieb streichen und in einen Rahmbläser einfüllen
Im Kühlschrank während 1 Stunde kühlstellen

Sashimi
Produkte zu einer Marinade vermengen und die Forellenfilets einlegen
Zugedeckt während 2–3 Stunden im Kühlschrank marinieren lassen
Forellenfilets aus der Marinade herausnehmen und kurz abtropfen lassen
Noriblätter mit einer Schere in die gewünschte Form schneiden und mit Reisessig einpinseln
Die Blätter auf die Forellenfilets legen und einweichen lassen
Die Forellenfilets mit einem scharfen Messer in gleichmässige Stücke schneiden und anrichten
Wenig Marinade als Sauce dazugeben und mit Koriander, Chili und Kresse dekorieren

Zutaten für 4 Personen

Wasabi Sorbet
4 dl	Wasser
80 g	Zucker
35 g	Glukose
1	Zitrone auspressen
½	grüne Zitrone auspressen
10 g	Wasabi
2–3	Tropfen Grüne Lebensmittelfarbe

Espuma Wasabi
1	Eigelb
1 dl	Eiweiss
1 dl	Sonnenblumenöl
105 g	Weissweinessig
10 g	Senf
15 g	Wasabi
1 Blatt	Gelatine
2 cl	Cognac
	Salz und Pfeffer

Sashimi
3 Stk	Forellenfilet (ca. 400 g)
80 g	Austernsauce
20 g	Rotweinessig
20 g	Balsamico
30 g	Himbeeressig
25 g	Sesamöl
5 g	Fischsauce
10 g	Terryaki
½	Zitrone, Zeste und Saft
10 g	Reisessig
2	Noriblätter
1	Chili
	Shiso-Kresse
	Senf-Kresse
	Koriander

Jan Leimbach

Jan Leimbach wurde 1973 in Brig geboren und ist im elterlichen Gastronomiebetrieb in Lindenberg im Allgäu aufgewachsen, wo er schon von klein auf Einblicke in die Geheimnisse der Kochkunst erhielt. Seine Ausbildung zum Koch absolvierte er im Allgäu – nicht unweit von zuhause und er liess sich von der Küche Albert Bouleys' inspirieren. Schon mit 17 kaufte er ein Kochbuch vom damals noch unbekannten Ferran Adrian.
Verschiedene Praktikas wie bei Dieter Müller im Schlosshotel Lerbach (Bergisch Gladbach), bei Roland Pierrotz im Restaurant Rosalp (Verbier) oder auch in Thailand führte Leimbachs Aufstieg zum Spitzenkoch über die renomierten Schweizer Hotels wie dem Palace (Gstaad), Mont Cervin Palace (Zermatt), Albergo Giardino (Ascona), Schweizerhof (Saas Fee), Widder Hotel (Zürich) und das Chewton Glen Hotel (New Milton) in Südengland.
Seit dem 01. Januar 2007 verwöhnt Jan Leimbach mit seiner 22-Mann-Brigade die Gäste des Lenkerhof alpine resort im 16 GaultMillau-Punkte Restaurant Spettacolo. Vom einflussreichsten Schweizer Wirtschaftsmagazin BILANZ wurde er zum Hotelkoch des Jahres 2009 gewählt.

Lenkerhof

Eine Reise für die Sinne… Das grosse Angebot an kulinarischen Köstlichkeiten aus allen Teilen der Welt wird Ihnen hier in einer täglich wechselnden Auswahl offeriert. Der 16 GaultMillau-Punkte- und Hotelkoch des Jahres 2009 (Bilanz) Jan Leimbach und sein Team verwöhnt Ihren Gaumen auf höchstem Niveau mit besten Zutaten und vielfältigen regionalen Produkten wie Fleisch, Milch und Käse sowie Obst- und Gemüse – natürlich aus kontrollierten biologischem Anbau.

www.lenkerhof.ch

San Marzano-Tomaten-Tarte
mit Rotwein-Schalotten-Konfit, Rohmilch-Taleggio und wildem Rucola

Rotwein-Schalotten-Konfit
Schalotten mittels Pfanne im Olivenöl andünsten und mit dem Zucker leicht karamellisieren.
Mit dem Balsamico und dem Rotweinessig ablöschen und leicht einköcheln lassen.
In einer separaten Pfanne Portwein und Rotwein zu ½ reduzieren.
Den reduzierten Rotwein in die Schalotten giessen und den Thymian zufügen.
Die Schalotten bei 200 °C etwa 15–20 Minuten im Ofen schmoren, bis eine konfitürenartige Konsistenz entsteht.

Dörrtomaten-Tapenade
Dörrtomaten und Knoblauch mit Olivenöl mittels Küchenmaschine fein pürieren.

Oliven-Tapenade
Schwarze Oliven und Knoblauch mit Olivenöl mittels Küchenmaschine fein pürieren.
Pinienkerne und Blattpetersilie fein hacken und leicht unter die Tapenade mixen.
Geriebenen Parmesan und Pecorino untermengen.

Sherry-Dressing mit geröstetem Knoblauch
Gehackte Knoblauchzehe in einer Pfanne ohne Fett gut braun rösten.
Alle restlichen Zutaten miteinander vermischen und den gerösteten Knoblauch zufügen.
Mit Salz und Pfeffer kräftig abschmecken.

Tomatenchips
Backpapier auf ein Blech legen, mit Olivenöl bepinseln und mit Meersalz bestreuen.
Die Tomaten in 2 mm dicke Scheiben schneiden und auf das Backpapier legen.
Im Backofen auf niedrigster Temperaturstufe (etwa 80 °C) etwa 2 Stunden trocknen, bis die Scheiben trocken und knusprig sind.

Fertigstellung
Aus dem Blätterteig 8 kreisrunde Böden (Ø 6 cm) ausstechen.
4 davon mittels Ausstecher (Ø 5 cm) zu Ringen ausstechen.
Die Böden und Ringe mit etwas Eigelb bestreichen und zusammensetzen.
Das Schalotten-Konfit in die Mitte der Blätterteig-Tartes verteilen.
Den Taleggio in 4 gleichmässige Stücke schneiden und auf das Schalotten-Konfit geben.
Die San-Marzano-Tomaten in 3 mm dicke Scheiben schneiden und auf das Tarte stellen.
Das Blätterteig-Tarte bei 220 °C ca. 15 Minuten im Ofen goldbraun backen.

Anrichten
Das Blätterteig-Tarte in die Mitte des Tellers setzen.
Die Tapenaden aussen herum verteilen.
Den Ruccola-Salat mit der Vinaigrette marinieren und auf das Tarte setzen.
Mit den Tomatenchips garnieren.

Zutaten für 4 Personen

4 Stk	San-Marzano-Tomaten, geschält und in dünne Scheiben geschnitten
250 g	Blätterteig
100 g	Taleggio Valsassina
2 Bund	wilder Ruccola

Rotwein-Schalotten-Konfit

200 g	Schalotten, fein geschnitten
1 EL	Olivenöl
20 g	Zucker
1 cl	Aceto Balsamico
1 cl	Rotweinessig
80 ml	Portwein Rot
180 ml	Rotwein
1 Stk	Thymian
	Salz u. Pfeffer aus der Mühle

Dörrtomaten-Tapenade

50 g	Tomaten gedörrt
etwas	Knoblauch
100 g	Olivenöl

Oliven-Tapenade

50 g	Schwarze Oliven ohne Stein
Etwas	Knoblauch, gehackt
100 g	Olivenöl
20 g	Pinienkerne
10 g	Blattpetersilie gezupft
20 g	Parmesan Reggiano
10 g	Pecorino Sardo

Sherry-Dressing mit geröstetem Knoblauch

1	Knoblauchzehe, gehackt
75 ml	Olivenöl
2 EL	Sherryessig
1 TL	flüssiger Honig
½ TL	körniger Senf
	Salz u. Pfeffer aus der Mühle

René Maeder

René-François Maeder
12.7.1954

Koch – diplomierter Hotelier-Restaurateur SHV/VDH

Inhaber des
WALDHOTEL DOLDENHORN ****s
Landgasthof Ruedihus unique
3718 KANDERSTEG
Tel 033 675 81 81

Präsident der Gilde etablierter Schweizer Gastronomen

Waldhotel Doldenhorn

Der »Grüne Saal« und das Feinschmecker-Restaurant »Au Gourmet« sind Treffpunkt der Freunde besonderer Gaumenfreuden und erlesener Weine. René Maeders Küchenbrigade kreiert die Menüs nach ihrer Küchenphilosophie der Frische, Vielfalt und kreativen Zubereitung. Nur so erklärt sich der gute Ruf dieser «Zauberer am Herd». Und der Gast darf sich rundum verwöhnen lassen, für seine Wünsche haben wir stets offene Ohren.

www.doldenhorn-ruedihus.ch

Kandertaler Fischsuppe mit Stör aus dem Frutiger Tropenhaus, Bioforelle aus dem Blausee und Flusskrebsschwänzen an Munder Safran

Zutaten

Fischfond
6 dl	Fischfond
200 g	Störfilet
200 g	Forellenfilet (am besten eine Biolachsforelle vom Blausee)
8	Flusskrebse
30 g	Karottenstreifen
30 g	Lauchstreifen
30 g	Selleriestreifen
70 g	Butter
1	Knoblauchzehe, zerdrückt
6	Safranfäden oder wenig gemahlener Safran

Sauce Rouille
100 g	Sauce Rouille («Rote Pfeffer-Knoblauch-Sauce», ähnlich dem Aïoli)

Fischfond
1 Liter Wasser zu Fischabfällen und -gräten geben, aufkochen und abschäumen. Zwiebeln, Lauch, Petersilie und Champignons klein schneiden, Pfeffer, Lorbeer, Nelke und Salz dazu geben und 30 Minuten ziehen lassen. Alles fein abpassieren auf die Hälfte der Flüssigkeit einreduzieren, 2 dl Weisswein dazugeben.

Sauce Rouille
Eine Scheibe Toastbrot klein schneiden, mit der Fischfarce vermengen, bis sich eine feste Masse bildet. Gepressten Knoblauch und roter Pfeffer (z.B. Sambal Oelek) oder eine klein gehackte, frische rote Pfefferschote mit einem Eigelb hinzufügen und mit der Masse verrühren. Unter ständigem, gleichmässigem Rühren mit einem Schneebesen langsam kalt gepresstes Olivenöl (wer es nussiger mag, nimmt Arganöl) zufügen, bis sich eine konsistente cremige Sauce ergibt. Für den Festtag etwas Kaviar obenauf geben. Diese Sauce Rouille wird auf geröstetem Brot serviert oder aber auch direkt in der Fischsuppe.

Fischsuppe
Den Fischfond aufkochen, Safran und Gemüsestreifen beigeben, den in Stücke geschnittenen Fisch, die ausgepulten Krebsschwänze in den kochenden Fond geben und ganz kurz pochieren. Den Fisch und die Flusskrebse aus dem Fond nehmen, dem Fond unter ständigem Rühren die Butterstücke beigeben und so die Suppe aufmontieren. Mit Pfeffer, Salz und wenig Knoblauch würzen.

Achtung
Nicht mehr kochen lassen. Den Fisch und die Gemüsestreifen beigeben und die Suppe mit gerösteten Brotscheiben servieren.

Urs Messerli

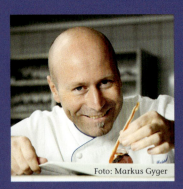
Foto: Markus Gyger

Ausbildung zum Koch, anschliessendes Arbeiten vom Commis de Cuisine über Sous-Chef bis hin zum Küchenchef in diversen exklusiven Betrieben im In- und Ausland. Ab 1993 erste selbstständige Tätigkeit im ehemaligen Lehrbetrieb als Küchenchef und Hotelier im Emmental. 1999 Übernahme des Gourmet-Hotel-Betriebes Auberge de la Croix Blanche in Villarepos und in dieser Zeit von GaultMillau zur Entdeckung des Jahres im 2002 gekürt. Seit 2003 Inhaber des Restaurants mille sens les goûts du monde. Seit 2005 zusätzlich Pächter des Restaurants golf & country club blumisberg in Wünnewil. Urs Messerli hat diverse Aus- und Weiterbildungen im Bereich Küche und Betriebsführung absolviert, darunter die Sensoriklizenz der Hochschule Wädenswil errungen. Ebenfalls hat er etliche internationale Auszeichnungen für seine exquisiten kulinarischen Ideen erhalten, speziell erwähnenswert ist der Doppelweltmeistertitel als ehemaliges Mitglied der Schweizer Kochkunst-Nationalequipe. Seit 2009 ist er Inhaber der mille sens groupe ag, welche die mille sens gmbh, die mille vins gmbh und die mille privé gmbh beinhaltet. Seine Gourmet-Kochkunst präsentiert er seit Mai 2009 im Restaurant mille privé in Kirchdorf.

Restaurant mille privé

Das Restaurant mille privé befindet sich im ehemaligen Spycher im idyllischen Bauerndorf Kirchdorf. Das wunderschöne Gebäude wurde von uns modern interpretiert und lädt zum Verweilen und Geniessen ein. Die Idee – Urs Messerli erläutert: «Die Kochkunst, das Kochhandwerk mit seinen Geheimnissen einbringen und begeistern. Ziele meiner neuen Gourmetküche, welche ich Ihnen im Restaurant mille privé präsentiere.»
Mit dem nötigen Respekt gegenüber den Produkten, der Region und der Tradition werden natürliche Ingredienzen vom Markt modern interpretiert und zu einem einzigartigen, geschmacklichen Erlebnis der Aromen und der Sensorik-Küche komponiert. Ein alle Sinne ansprechendes Verwöhnprogramm. Ich verwende für meine Gerichte nur die besten Produkte, welche nachhaltig produziert wurden. Bio-Produkten gebe ich den Vorzug. Wenn es die Qualität erlaubt, verwende ich regionale Ingredienzen und achte auf Saison und Markt.
«mille privé – urs messerli» beinhaltet auch Beratungen, Vorträge und Kochkurse über Sensorik, Gewürze, Aromen, Konzepte und Rezepturen, abgestimmt auf die jeweiligen Bedürfnisse für den Privaten, Kleingruppen wie auch professionellen Kunden.

www.milleprive.ch

Heissrauch-Seeforelle auf Kartoffel-Frühzwiebel-Salat und Berner Zungenwurst

Zutaten für 4 Personen

600 g	Seeforellenfilet mit Haut oder alternativ wäre auch Wildlachs möglich

Marinade

6 g	Meersalz fein
4 g	Rohr-Rohzucker, gemahlen
12 g	Limone/Limette (Jus von ½)
12 g	Limone/Limette (Zesten von 1 Stk)
	Pfeffer grob gemahlen
0,4 g	Koriander, gemahlen (wenig)

Salat

80 g	Berner Zungenwurst, (alternativ guter Wollschweine-Speck geräuchert)
80 g	Frühlingszwiebeln
120 g	Kartoffeln (Schalenkartoffeln) gekocht (Typ A, Nicola)
1,2 cl	Sherry-Essig
1 dl	Rapsöl kaltgepresst
0,8 x	Abschmecken Salz, Pfeffer
10 g	Senfkörner
80 g	Sauerrahmsauce zum Fisch
15 g	Traubenmostsenf
40 g	Radieschen

Vor-Vorbereitungen
– Die Seeforellenfilets mit den Marinade-Zutaten vermischen und 10 Stunden ziehen lassen. Im Heissrauch garen bei ca. 45 °C

Vorbereitungen
– Kartoffeln in gleichmässige Würfel (6 mm) schneiden und dämpfen, und vor dem Erkalten mit dem Sherryessig und dem Rapsöl, Salz, Senfkörnern und Pfeffer marinieren.
– mit der Zungenwurst 4 hauchdünne Scheiben trocknen im Ofen als Chips-Garnitur und den Rest in Würfel schneiden und kross sautieren. Die Würfel mit dem wenigen Fett über die Kartoffeln giessen.
– die Frühlingszwiebeln fein schneiden und in Eiswasser legen, ebenfalls die Radieschen.
– Die Hälfte der Zwiebeln in den Kartoffelsalat geben
– Sauerrahm mit geriebenem Lemon Myrtle (australisches, zitronengrasähnliches Gewürz) oder Limettenzesten mischen und abschmecken.

Zubereitung und Anrichten
– Den warmen Kartoffelsalat mit einem Ausstecher schön rechteckig auf den Teller anrichten.
– Mit Sauerrahmsauce oben aufgeben und die warme Seeforelle anrichten.
– Anschliessend mit der übrig gebliebenen gemixten Marinade und den knackigen Frühlingszwiebeln und Radieschen belegen und übergiessen
– Garnieren mit Zungenwurstchips, Lemon-Myrtle-Sauerrahm, Radieschen und wenig Traubenmostsenf

Rudolf Pazeller

Geboren bin ich am 25. April 1946 in Tarasp.
Mein Lebenswunsch war eigentlich, Kunstmaler oder Innenarchitekt zu werden. Weil solch eine Ausbildung überhaupt nicht ins Familienkonzept passte und nicht sehr vielversprechend war, blieb mir dieser Wunsch versagt. Dank einem Traum im Kollegium in Saint Maurice – ich sei Küchenchef einer Hotelküche mit einem 10-köpfigen Team – entschied ich mich zur Erleichterung aller, eine Kochlehre zu absolvieren.
Nach der Lehre arbeitete ich als Koch bei Felix Real in Vaduz – dies war eine «Zeit des Lernens». Einer besonderen Fügung verdanke ich, anlässlich der Krönungsfeierlichkeiten für den Schah von Persien, als Koch in der Wüstenzeltschaft Persepolis mitgewirkt zu haben.

Mit meiner Frau Daniela und unserem Sohn Gian-Andrea bespreche ich alle gastronomischen Feinheiten. Betriebsführung und Veränderungen jeder Art werden von uns gemeinsam geplant und realisiert.

Schlosshotel Chastè

Seit Generationen begrüsst die Familie Pazeller ihre Gäste im Schlosshotel Chastè, einem Hotel-Juwel der besonderen Art – seit 500 Jahren und 21 Generationen in Familienbesitz. Ursprünglich war es ein Bauernhof, der in mehreren Etappen zum heute luxuriösen Hotel um- und ausgebaut wurde.
Lassen Sie sich vom Charme der in alter Handwerkstradition mit Arvenholz verkleideten Räume verzaubern.
Die Atmosphäre ist stilvoll und gemütlich – einfach zum Wohlfühlen.
Die Inhaber sind auch die Chefs, stehen in der Küche, besorgen den Service, das Büro und den Garten.
Sie führen das Ganze als ihr eigenes Haus im eigenen Stil zum Wohl ihrer Gäste.

www.schlosshoteltarasp.ch

Carpaccio vom Rehrücken

Zutaten für 4 Personen

Carpaccio
250 g	Rehrückenfilet, entsehnt
1 x	Fettstoff
1 x	Pfeffer und Salzmischung
1	Rosmarinzweig
2 Stk	Wacholderbeeren, zerdrückt

Vinaigrette
50 g	frische Himbeeren
2 EL	Himbeeressig
40 g	Bienenhonig
3 EL	Baumnussöl
2 EL	Orangensaft
1 x	Pfeffer und Salzmischung

Panna Cotta
80 g	Eierschwämmli
20 g	Zwiebel, fein geschnitten
1 TL	Cognac
2 EL	Vollrahm, flüssig
150 g	Vollrahm, geschlagen
2 BL	Gelatine
1 x	Pfeffer und Salzmischung

Zubereitung

Das Fleisch mindestens 8 Stunden vorher im Fettstoff mit dem Rosmarinzweig und den Wacholderbeeren von allen Seiten kurz und scharf anbraten.

Das Fleisch danach mit Salzmischung und Pfeffer würzen und anschliessend in Frischhaltefolie einpacken, zu einer runden Stange formen und einfrieren.

Für die Vinaigrette alles zusammen in ein hohes Gefäss geben und mit dem Stabmixer zu einer Emulsion mixen. Anschliessend durch ein feines Sieb passieren, um die Himbeerkerne zu entfernen.

Für die Panna Cotta die Gelatine in kaltem Wasser einweichen und die Eierschwämmli in 2 mm kleine Würfel schneiden. Die Zwiebeln in wenig Fettstoff glasig dünsten, Eierschwämmli beigeben und kurz mitdünsten. Mit Salzmischung und Pfeffer würzen und mit Cognac ablöschen. Mit dem flüssigen Rahm auffüllen, Gelatine beigeben und rühren, bis sich diese aufgelöst hat. Die Masse auskühlen, bis die Gelatine anfängt zu gelieren. Dann den geschlagenen Rahm vorsichtig unterheben, nochmals abschmecken, anschliessend in kleine Förmchen füllen und zugedeckt kühl stellen.

Anrichten

Mit einem Pinsel ein wenig Vinaigrette auf die Teller streichen, das Fleisch mit einer Aufschnittmaschine dünn schneiden, mit Vinaigrette nappieren und die Panna Cotta darauf anrichten. Für die Garnitur empfehlen wir frische Himbeeren, Thymianzweig, Nüsslisalat und sautierte Eierschwämmli.

Thomas Pfister

Thomas Pfister, der auch schon die Schweizer Olympioniken in Sydney verköstigt hat, beweist nun in Grindelwald sein Können. Im Grand Hotel Regina kümmert er sich neu um die Wünsche der Gourmets.
Für diesen Posten nimmt der Emmentaler einiges an Erfahrung mit. Die Lehre absolvierte er im Landgasthof Löwen in Heimiswil, um dann seine kulinarischen Kenntnisse im Bellevue Palace Bern, bei Nik Gygax im Landgasthof Löwen in Thörigen und in Horst Pertermanns Kunststuben zu perfektionieren. Als Küchenchef im House of Switzerland an den Olympischen Spielen in Sydney 2000 verhalf er durch seine hervorragende Küche zu insgesamt neun Olympiamedaillen. Auch im Hotel Le Vieux Manoir in Murten verzückte er seine Gäste mit kulinarischen Erlebnissen. Seit Mitte Juni verwöhnt Thomas Pfister nun die Gäste im Grand Hotel Regina in Grindelwald mit seinen Emmentaler Spezialitäten wie Hackbraten, «Chefhärdöpfu» oder «Chirschiwäie». Das Flair zur klassischen französischen Küche fehlt jedoch nicht. Mit «Homble Chevallier» oder «Pâtes Périgord» läuft auch erlesenen Gourmets das Wasser im Mund zusammen. Küchenchef Pfister freut sich, auch Sie im Regina kulinarisch verwöhnen zu dürfen.

Pendule d'Or

Im Grand Regina Alpin Well&Fit Hotel bietet das Restaurant Pendule d'Or einen ganz besonderen Aufenthalt und Vergnügen. In wunderschöner Lage, am Fuss des Eigers erleben Sie Erholung und kulinarische Genüsse in einem klassischen Stil. Eine gesellige Atmosphäre mit kulinarischen Glanzlichtern und Geborgenheit in familiärem Ambiente! Es ist aber auch der beliebte und gemütliche Treffpunkt für alle, die gute Küche mit frischen und natürlichen Produkten schätzen und geniessen. Herr Thomas Pfister, der Exekutive Chef, und sein Regina-Küchenteam legen beim Einkauf für die Gerichte grössten Wert auf die Qualität und Echtheit der Produkte. Bei der Zubereitung der kreativen und neuzeitlichen Speisen werden ausschliesslich frische Produkte, auch aus eigenem Garten, verwendet. Das Grand Regina achtet auf Topqualität, Sauberkeit und einen freundlichen Service. Im Restaurant servieren Ihnen Herr Steve Julianose, Herr Carlo Faita und das Serviceteam.

www.grandregina.ch

Felchenmousse im Grindelwalder Rauchspeckmantel auf Mutschlibrot

Zutaten für 4 Personen

Rauchfelchenmousse
230 g geräucherte Felchenfilets
120 ml Weissweinsauce
6 Blatt Gelatine
150 g Rahm, geschlagen
4 Scheiben Trockenfleisch
flüssige Gelatine
(2 Blatt Gelatine und
Rinderbrühe)

Mutschlibrot
1 Päckchen Pumpernickel
12 Scheiben Mutschli
250 g Butter
Schnittlauch
Senf

Garnituren
Blumen
Blüten
Olivenöl

Rauchfelchenmousse
Rauchfelchen im ⅔ Weisswein kuttern und durch ein Sieb streichen, die Gelatine in kaltes Wasser einweichen. Die restliche Weissweinsauce erhitzen und Gelatine beifügen. Rauchfelchenmasse und die Weissweinsauce mischen (Masse, Sauce und Rahm sollten Zimmertemperatur haben), dann den geschlagenen Rahm unterheben. Die Tassen mit Frischhaltefolie auslegen und das Mousse hineinfüllen. 24 Stunden kühl stellen und dann stürzen, den Speck kurz anbraten oder grillieren. Eine Seite des Specks mit flüssiger Gelatine einstreichen und um das Mousse wickeln.

Mutschlibrot
Weiche Butter mit fein geschnittenem Schnittlauch, Senf, Salz und Pfeffer würzen. Die Pumpernickelscheiben von beiden Seiten mit der Butter bestreichen und dann mit dem Mutschli belegen. Angefangen wird mit einer Scheibe Mutschli, Pumpernickel, Mutschli und so weiter, bis man je 8 Schichten von jeder Sorte hat. Das Brot über Nacht in den Kühlschrank stellen. Am nächsten Tag längs aufschneiden und mit einem Glas einen Kreis ausstechen.

Fertigstellung
Man nehme einen runden Teller und legt den Mutschlibrotkreis in die Mitte des Tellers. Dann zieht man mit dem Pinsel das Olivenöl um das Brot. Die Blumen und Blüten werden angelegt und das fertige Felchenmousse wird in Position gebracht.

Florian Plank

Personalien:
- Name: Florian Plank
- Geburtsdatum: 26. Mai 1983 in Regensburg (Deutschland)
- Hobbies: Sein Beruf ist gleichzeitig sein leidenschaftliches Hobby, als Ausgleich begeistern ihn das Wandern und Klettern.

Im FidazerHof seit: Frühling 2006

Ausrichtung der Küche:
- ehrliche frische Küche mit Bio- und regionalen Saisonprodukten (Goût Mieux), Ayurveda-Spezialitäten (Ayurvedagerichte auf westliche neuzeitliche Küche kreiert), Kochen für Allergiker (Zöliakie, Laktoseintoleranz etc.)

Spezialitäten:
- je nach Saison neue Kreationen, Spezialitäten aus der eigenen Hausräucherei

Seine Philosophie:
- 100%ige Identifikation mit meinem Beruf,
- Respekt, Toleranz und Akzeptanz gegenüber Lebensmitteln, Gästen und Mitarbeitern
- Alle Gäste (auch Allergiker) sollen begeistert sein, sich wahrgenommen fühlen, das Haus mit einer glücklichen und zufriedenen Erinnerung verlassen und sich auf ein baldiges Wiederkommen freuen.

FidazerHof

In der gemütlichen Fidazerstube verwöhnt Sie das Küchen- und Serviceteam mit Köstlichkeiten aus Küche und Keller. Auf der Sonnenterrasse geniessen Sie den Ausblick auf die Surselva, und in der «Canorta» – der Lounge im FidazerHof – haben Sie die Gelegenheit, in Ruhe ein Glas Wein zu trinken oder die Teekultur zu pflegen.

www.fidazerhof.ch

Süsskartoffelsuppe mit Ingwerscones

Zutaten für 4 Personen

Ingwerscones
200 g	Mehl
2 TL	Backpulver
ca.10 g	frisch gemahlener Ingwer
20 g	Zucker
8 g	Salz
35 g	kalte Butter
40 ml	saure Sahne
60 ml	Milch
1	Eigelb

Süsskartoffelsuppe
600 g	Süsskartoffeln
1	Zwiebel
2 Msp	Currypulver
1 Msp	Kreuzkümmel, gemahlen
600 ml	Gemüsebrühe
100 g	Sauerrahm
10 g	frischer Koriander
2 El	Öl
	Salz, Pfeffer, Muskat, gemahlen
ca. 60 ml	Orangensaft (je nach Geschmack)
	Saft von einer halben Zitrone und Zitronenabrieb (Zesten) (Achtung: je nach Reifegrad/Saison der Süsskartoffeln braucht es weniger/kein Zitronensaft)

Ingwerscones
Mehl und Backpulver mischen und auf Arbeitsfläche sieben, kalte Butter, Ingwer, Salz und Zucker mit den Fingerspitzen zügig unterreiben, dann saure Sahne unterkneten.
Milch mit Eigelb verquirlen und ⅔ in den Teig einarbeiten (Rest der Mischung ist zum Bepinseln). Den Teig auf der leicht bemehlten Arbeitsfläche kneten bis er geschmeidig ist. Teig etwa 15 Minuten an einem kühlen Ort ruhen lassen. Kleine Kügelchen formen und auf ein Backblech setzen. Bei ca. 200 °C im vorgeheizten Ofen etwa 15 Minuten backen. Nach ⅔ der Backzeit mit der restlichen Milch/Ei-Mischung bepinseln.

Tipp: Man kann sie auch in eine Muffinform setzen.

Süsskartoffelsuppe
Süsskartoffeln schälen und in ca. 2 cm grosse Würfel schneiden. Zwiebel fein hacken und in Öl anschwitzen. Kreuzkümmel, Curry, Salz und Pfeffer zugeben und ebenfalls etwas mit anschwitzen (Vorsicht, nicht zu heiss, da die Gewürze sonst bitter werden). Dann die Süsskartoffeln zugeben und ein paar Minuten mitdünsten lassen. Mit etwas Orangensaft ablöschen und mit Gemüsebrühe auffüllen. Ca. 15–20 Minuten kochen lassen (bis die Kartoffeln weich sind). Zitronensaft zugeben und alles mit dem Pürierstab fein oder grob, je nach Geschmack, pürieren. Den frisch gehackten Koriander und Muskat gem. zugeben. Je nach Geschmack Orangensaft zugeben. Sauerrahmtupf und Zitronenabrieb als Garnitur auf die angerichtete Suppe.
Guten Appetit!

Tipp: Wer es gerne ein bisschen schärfer möchte, kann zusätzlich Cayenne-Pfeffer verwenden.

Markus Vollweiter

1994 bis 1998
Nach der Lehre an der Hotel-Schule-Rostock verschiedene Saisonstellen in der gesamten Schweiz
– Sunstar-Hotel, Grindelwald
– Grand Hotel Giessbach, Brienz
– Hotel Floralpina, Vitznau
– Grap San Gion, Flims Laax
– Restaurant Rellerli, Schönried
1999 bis 2002
Erste Küchenchefstelle im Restaurant Atlas Rostock «Deutschland» (14 Gault-Millau-Punkte)
2003 bis 2004
Souschef im Hotel Sant Salvador Spanien «Mallorca» (Hotel des Jahres auf der Insel)
2004 bis 2006
Executive-Küchenchef im Steigenberger Hotel Sonne, Rostock (Deutschland)
Restaurant Reuters (14 GaultMillau-Punkte)
2006 bis 2008
Executive-Küchenchef im Arosa Sport & Spa-Ressort Scharmützelsee, Bad Saarow «Deutschland»
Unter den Top 5 der besten Wellness Ressort Deutschlands (laut Zeitschrift «Der Feinschmecker»)
Restaurant Aroma (14 GaultMillau-Punkte)
2008 bis jetzt
Küchenchef im Land-Hotel-Hirschen Erlinsbach «Schweiz» (14 GaultMillau-Punkte)

Landhotel Hirschen

Albi von Felten (Preisträger Slow Food Schweiz) ist ein Terroirist der ersten Stunden, einer, der die Produkte in seiner Region zusammenträgt. Gilt heute das Terroir-Prinzip landauf, landab als Nonplusultra der Ethik-Gastronomie, blickt von Felten auf jahrlange Erfahrung zurück.

Seit er 1999 in fünfter Generation den «Hirschen» im Städtedreieck Basel, Bern, Zürich – keine Viertelstunde Busfahrt vom Bahnhof Aarau entfernt – übernahm, arbeitet er mit lokalen Produzenten.

www.hirschen-erlinsbach.ch

Suhrer Geissenkäsetörtchen mit Quittengelee und Früchtebrot

Zubereitung Geissenkäsecreme
Zuerst den Geissenkäse zusammen mit dem Baumnussöl in einen Küchenmixer geben. Baumnussöl und Geissenkäse fein aufmixen. Die eingeweichte Gelatine im heissen Rahm auflösen und unter die Geissenkäsemasse rühren. Mit Salz und Pfeffer abschmecken.

Zubereitung Quittengelee
Quitten mit einem Tuch kräftig abreiben und in grobe Würfel schneiden. Zusammen mit dem Wasser ca. eine gute Stunde kochen lassen.
Den Rohrzucker in einem Topf karamellisieren und mit dem durchpassierten Quittenfond ablöschen. Den Gelierzucker zu der Quittenflüssigkeit dazugeben und um ein Drittel reduzieren. Kurze Gelierprobe auf einem Teller in den Kühlschrank geben, um sich zu vergewissern, ob das Gelee anzieht.

Tipp: Heiss in saubere Einmach-Gläser abgefüllt, hält sich das Gelee bis zu einem Jahr an einem kühlem Ort. Ist auch sehr gut geeignet für die Käseplatte oder zu Wildgerichten.

Zubereitung Fruchtmasse
Die Dörräpfel in heissem Wasser einweichen und danach in feine Würfel schneiden. Die Feigen und die Dörrzwetschgen ebenfalls fein würfeln. Mit den übrigen Zutaten vermischen und 2 Tage bei Zimmertemperatur abgedeckt stehen lassen.

Zubereitung Teigmasse
Alle Zutaten zu einem homogenen Teig kneten und ½ Stunde ruhen lassen.

Fertigstellung Früchtebrot
Die marinierten Früchte in die Teigmasse einarbeiten, die Baumnüsse dazu geben und 45 Minuten ruhen lassen. Danach in eine ausgebutterte und gemehlte Kastenform einfüllen und nochmals 10 Minuten ruhen lassen. Im vorgeheiztem Backofen bei 170 Grad 45 Minuten backen.

Tipp: In Plastikfolie eingepackt, hält sich das Früchtebrot an einem gekühlten Ort ca. 2 Monate.

Fertigstellung Geissenkäsetörtchen
Das Früchtebrot in Scheiben schneiden und mit dem Metallring rund ausstechen. In die Metallringe das ausgestochene Früchtebrot auf den Boden platzieren. Die Geisenkäsecreme in die Ringe füllen, sodass noch ein halber Zentimeter Platz zum Rand bleibt. Das flüssige aber nicht heisse Gelee darin auffüllen und im Kühlschrank 6 Stunden durchkühlen. Geissenkäsetörtchen aus den Ringen lösen und auf die Teller platzieren.

Tipp: Sie können das Früchtebrot sowie das Quittengelee lange im Voraus herstellen. Das erspart Ihnen ein Menge Stress am Zubereitungstag.
Servieren Sie diese wunderbare Vorspeise mit etwas Feldsalat, als Garnitur eignen sich geschmacklich sehr gut Baumnüsse.

Zutaten für 6 Personen

Geissenkäsecreme

430 g	Suhrer Geissenkäse (oder alternativer Ziegenfrischkäse) von Suzanne Klemenz (jeden Samstag auf dem Aarauer Wochenmärt erhältlich)
40 ml	Baumnussöl
100 dl	Rahm
2 Blatt	eingeweichte Gelatine
	Salz und Pfeffer zum abschmecken

Quittengelee

3 Stk	Reife Quitten (schön gelbe Quitten mit intensivem Geruch)
900 ml	Wasser
125 g	Gelierzucker
125 g	Rohrzucker

Früchtebrot
Früchtemasse

100 g	Dörrapfel
250 g	Dörrzwetschgen
150 g	Feigen
200 g	Rosinen
200 g	Orangeat
200 g	Zitronat
100 g	Kirschwasser

Teigmasse

225 g	Mehl
50 g	Hefe
20 g	Kakaopulver
200 g	Wasser
4 Stk	Eier
200 g	Baumnüsse, gehackt und geröstet

Cyril Wadel

Im Land der europäischen Spitzenküche träumt der Durchschnittsbürger weder vom dicken Auto noch von Millionen unter der Matratze. Der Lieblingsraum des Franzosen ist und bleibt der eigene «Potager», der Gemüsegarten hinter dem Haus. Für den Elsässer Cyril Wadel aus Blotzheim beim Basler EuroAirport ist er auf besondere Weise in Erfüllung gegangen. Der junge Mann, der 1997 in Paris den zweiten Rang unter den besten Kochlehrlingen Frankreichs erarbeitet hatte, ist heute Küchenchef in der Klosterschenke Dornach.
«Alles können wir hier natürlich nicht anbauen», sagt Cyril Wadel. Aber als einstiger Souschef bei Patrick Zimmermann im Sternelokal «Bruderholz» und als Produktionschef für das berchtoldsche VIP-Catering im St. Jakobspark schätzt er sich glücklich, «jetzt vieles gerade frisch vor der Nase zu haben, nach dem wir in der sogenannten gehobenen Gastronomie stets gesucht hatten».

Kloster Dornach

Im Kloster Dornach gibt es ...
– die Klosterschenke
– die Herberge
– die Hotelzimmer
– die Original-Klosterzellen
– das Gartenrestaurant
– die Bankett- und Seminarräume

www.klosterdornach.ch

Kokosnuss-Capuccino auf Curry-Suppe und Poulet Satay mit Zitronengras-Spiess

- Milch mit Kokosraspeln aufkochen und eine Stunde ziehen lassen, passieren und bei Zimmertemperatur auskühlen lassen.
- Zwiebel, Knoblauch, Sellerie schälen.
- Lauch, Koriander, Zitronengras waschen.
- alles in kleine Stücke schneiden
- mit 2 EL Öl alle Zutaten anziehen
- Curry-Pulver zugeben und ganz kurz mischen.
- 4 dl Wasser zufügen, Hühnerbrühe und Kokosmilch beifügen.
- langsam 30 Minuten kochen, dann mixen und passieren
- in der Zwischenzeit die Kokosraspeln auf ein Blech streuen und im Backofen hellbraun rösten, danach auskühlen lassen
- Pouletbrüstchen und den Koriander mit dem Messer grob hacken, die Limettenschale fein raspeln und den Saft pressen, alles mischen.
- mit Sesamöl, Eiweiss, Maizena mischen und mit Salz und Pfeffer würzen
- Fleischmasse zu Kugeln formen und auf die Wurzelseite des Zitronengrases spiessen, in Sesam Körner wenden, frittieren oder braten, warm halten.
- zur Dekoration, die Gläser kurz in den Honig pressen und mit gerösteten Kokosraspeln dekorieren
- Die heisse Suppe in die Gläser abfüllen (¾), mit dem Mixer die lauwarme Kokosmilchinfusion aufschäumen, mit einem Löffel den Schaum auf die Suppe legen, auf einem Teller mit dem Poulet Satay anrichten.

Guten Appetit und viel Erfolg mit diesem Rezept wünscht Ihnen Cyril Wadel, Küchenchef im Kloster Dornach.

Zutaten für 4 Personen

3 EL	gelbes Curryp-Pulver (fruchtig und kräftig)
1	Zwiebel
1	Knoblauchzehe
1 Bund	frischer Koriander (½ für die Suppe, ½ für das Satay)
100 g	Knollensellerie, geschält
50 g	Lauch (weisser Teil)
0,6 l	Kokosnussmilch
1 Würfel	Hühnerbrühe
10 g	Ingwerwurzel, geschält
10 g	Zitronengras
100 g	Kokosnuss, geraspelt (½ für Capuccino und den Rest für Dekoration)
0,1 l	Milch
2 Stk	Pouletbrust, ohne Haut
1 EL	Sesamöl
50 g	Sesamkörner
4	Zitronengras-Stangen
1 EL	Maizena
1	Eiweiss
1	Limette
	Salz und Pfeffer
	Friteuse oder Bratpfanne (mit Öl)

Foto: Rolf Grob

Hauptgänge

Linus Arpagaus

Seit September 2002 sind wir nun in dem einzigartig wunderschönen Haus für unsere Gäste verantwortlich. Einiges hat sich getan in den 8 Jahren. Unsere Kinder sind bereits 3 und 5 Jahre alt. Sie bringen viel Leben in unser Haus. Ihr Strahlen zeigt uns Tag für Tag, wie glückliche Kinder aussehen.
Es bereitet uns viel Freude zu sehen, welche Stammkundschaft wir aufbauen konnten. Mit Elan und viel Energie gehen wir täglich an unsere Arbeit, um unsere Gäste zu verwöhnen.
Es heisst nicht umsonst: Brigels macht süchtig und die Casa Fausta Capaul sowieso.
Es gefällt uns in Brigels und wir bleiben bis auf Weiteres hier!

Casa Fausta Capaul

Sie ist eines der wenigen Gourmet-Restaurants der Surselva: Die Casa Fausta Capaul in Breil/Brigels. Es bleibt ihr Geheimnis, warum einem hier gleich warm ums Herz wird. Vielleicht liegt es an der Leidenschaft, mit der Linus Arpagaus hier eine marktfrische und ehrliche Küche serviert, die – wo immer möglich – Produkte aus der Region auf den Tisch bringt. Vielleicht liegt es am Ambiente des traditionellen Holzhauses, das von Therese Arpagaus liebevoll dekoriert wird, und an ihrem zuvorkommenden Service-Team. Vielleicht ist es aber auch der Geist des Hauses und seiner Gäste und Bewohner selbst, der hier – im sonnenverwöhnten Geheimtipp Brigels – die Sorgen des Alltags wegzaubert. Wer die Casa Fausta Capaul besucht, kann sehr gut essen (15 GaultMillau-Punkte) und sich auch eines der 4 Doppel- oder 2 Einzel-Zimmer reservieren.

www.faustacapaul.ch

Kalbskotelette auf Sursilvaner Pizochels

Zutaten für 4 Personen

4 Stk à 250 g   Kalbskotelette

Pizochels
450 g	Magerquark
3 Stk	Eier
2 dl	Milch
450 g	Weissmehl
	Salz, Pfeffer, Muskat
	Schnittlauch
100 g	Reibkäse
2 Stk	Zwiebeln eminsiert (in Streifen)

Magerquark, Milch, Eier und Gewürze miteinander vermengen.
Weissmehl dazugeben und gut verrühren.
Den Teig mit einer Spachtel von einem Brett ins siedende Salzwasser schaben.
Die Pizochels im Salzwasser sieden bis sie obenaufschwimmen. Sie werden nun schichtweise mit Käse, beliebig Schnittlauch auf die vier Teller angerichtet. Die gebratenen Koteletts auf die Pizochels legen.
Die in Butter goldig gerösteten Zwiebeln auf dem Fleisch anrichten und servieren.

Wichtig:
Die Koteletts müssen sehr gut gelagert sein!

Martin Dalsass

Name	Martin Dalsass
Geburtsdatum	2.10.1956 in Deutschnofen (Prov. Bozen, Italien)
Zivilstand	verheiratet, zwei Kinder

Santabbondio

Küchenstil
Kreative mediterrane Küche. Anwendung verschiedener Olivenöle (10–15 Sorten) sämtlicher Regionen Italiens. Die Karte und die Menüs wechseln täglich.
Spezialitäten
Verwendet nur wilden Fisch, Krustentiere, Wild und Wildgeflügel.
Internationale Weinkarte
ca. 450 Etiketten

www.ristorante-santabbondio.ch

Gli gnocchetti di olive verdi con scampi

Zutaten für 4 Personen

Gnocchi-Masse
80 g	Ricotta (Quark)
80 g	entsteinte grüne Oliven (mixen)
20 g	geriebener Parmesan
60 g	Weissbrot
10 g	Mehl
10 g	Olivenöl
½	Ei
1 EL	gemixte Spinatmasse

Garnitur
8	Scampi
60 g	Cherry-Tomaten
90 g	Taggiasca-Oliven
1	Knoblauchzehe
	Peperoncino-Öl
	Olivenöl
	Basilikum

Gnocchi-Masse
Sämtliche Zutaten zu einer Masse rühren. Mit dem Spritzsack auf einem bemehlten Tisch zu Würstchen spritzen. Mit einem Messer in 1,5 cm lange Stücke schneiden und von Hand oliven-ähnlich formen. In gesalzenem kochenden Wasser aufkochen bis sie obenauf schwimmen. Mit einer Schaumkelle vorsichtig herausnehmen.

Garnitur
Die Scampi schälen, vier Stück ganz lassen und vier zerkleinern, mit Salz und Pfeffer würzen und in Olivenöl kurz braten.

Anrichten
In einer Kasserolle etwas Olivenöl erhitzen, die gehackte Knoblauchzehe, die in Viertel geschnittenen Cherry-Tomaten und die Oliven darin anschwitzen, die Gnocchi und die zerkleinerten Scampi beifügen und schwenken. Mit Peperoncino-Öl abschmecken. Vier Teller anrichten und mit den ganz gelassenen Scampi garnieren

Domingo S. Domingo

Teilhaber mille sens gmbh, seit 2009
Küchenchef mille sens gmbh

Ausbildung zum Koch und diverse Stationen im Heimatland Australien. Danach arbeitete er mit Urs Messerli in der Auberge de la Croix blanche in Villarepos, wo sie gemeinsam diverse Awards gewannen. Danach reiste er durch die Welt, arbeitete in Sydney, London und Moskau eng mit Scott Webster zusammen und nahm an vielen Wettbewerben teil, u.a. am World Skills in Montreal, Kanada und an der Culinary Olympics in Frankfurt. Seit 2006 arbeitet Domingo Domingo wieder an der Seite von Urs Messerli in der mille sens groupe.

Restaurant mille sens – les goûts du monde

Im September 2008 wurde aus dem mille sens restaurant urs messerli – neu das Restaurant mille sens – les gôuts du monde. Neu zeichnen neben Inhaber Urs Messerli, Küchenchef Domingo S. Domingo und Gastgeber/Eventmanager Dieter Walliser als Teilhaber der mille sens gmbh verantwortlich.

Das Restaurant mille sens – les goûts du monde befindet sich in der trendigen, architektonisch einmaligen Markthalle, mitten in Bern, nahe der berühmten Lauben und direkt bei Bahnhof im Stadtzentrum.

Die Küche vereint tausend Geschmäcker, neuzeitlich, ideenreich und kreativ interpretiert.

Trendsetter: Quick-Tray (die innovative Erfindung des mille sens, der Quick Tray vereint Vorspeise, Hauptgang, Beilage und Dessert auf einem Teller, angerichtet in 4 verschiedenen Schälchen), Menu Tour du Monde (den Köchen wird freie Hand gelassen, und die Gerichte können quer über den Tisch untereinander ausgetauscht werden) und Wineflight (3 verschiedene Weine werden gleichzeitig serviert und können so miteinander verglichen und genossen werden).

Dem traditionellen Menu wird der Rücken gekehrt und der Gast bestimmt individuell, wie viel er wovon essen möchte. Er hat die Möglichkeit, mehrere Köstlichkeiten in kürzester Zeit zu degustieren.

Das junge, passionierte mille sens Team begleitet die Gäste durch ein gastronomisches Erlebnis mit inspirierenden Kreationen unserer Kochkünstler, begehbarer Weinkarte, coolen Drinks in der Bar/Lounge und dies in (ent-) spannender Atmosphäre.

www.millesens.ch

Entenbrust, Krevetten, Soja, exotische Gewürze, Marktgemüse

Foto: Peter Kästli

Entenbrust
Bei der Entenbrust die Haut einschneiden (über Kreuz), mit den Zutaten marinieren – am besten einen Tag vorher marinieren.

Die Entenbrust auf der Seite der Haut anbraten, bis diese goldbraun ist. Kurz auf der anderen Seite anbraten. Im Backofen mit 180° in der Mitte des Backofens für 4–5 Minuten garen – bis das Fleisch zartrosa ist. Anschliessend 5 Minuten an der Wärme ziehen lassen und dann in Tranchen schneiden.

Sauce
Alle Zutaten ausser Geflügelfond vermischen und reduzieren auf die Hälfte. Den Geflügelfond dazugeben und erneut auf die Hälfte reduzieren. Mit 1 TL kalter Butter binden. Mit Salz und Pfeffer würzen.

Krevetten-Lollipop
Galangal und Knoblauch hacken. Alle Zutaten (bis auf die Zitronengras-Stängel) mixen und mit Salz und Pfeffer würzen. Bei 100° 5–7 Minuten im Dampfkochtopf dämpfen. Zu Lollipop formen (Zitronengras als Stängel benützen).

Marktgemüse
Karotten und Pfälzer-Karotten blanchieren, mit Butter glasieren und mit Zucker und Salz abschmecken. Tomaten in Olivenöl mit Kräutern und Knoblauch konfieren, bis die Haut sich langsam zu lösen beginnt.

Zutaten für 4 Personen

Entenbrust
2 Stk	Barberie-Entenbrust à je 200 g

Marinade
1 TL	Honig
1 Stk	Knoblauch-Zehe
10 g	Ingwer
1 TL	Sojasauce (süss)

Sauce
200 ml	brauner Geflügelfond
50 ml	Porto
10 ml	Sojasauce
1 kleine	Schalotte
1 Zweig	Thymian

Krevetten-Lollipop
4 Stk	Riesen-Krevetten (Jumbo-Krevetten)
1 x	Eiweiss
10 g	frischer Koriander
10 g	Thai-Basilikum
10 g	Galangal (Thai-Ingwer)
1 x	Chilischote
1 TL	Sesamöl
1 TL	Sojasauce
½	Knoblauch-Zehe
4	Stängel Zitronengras

Marktgemüse
4 Stk	Karotten
4 Stk	Pfälzer-Karotten
4 Stk	Cherry-Tomaten

Irma Dütsch

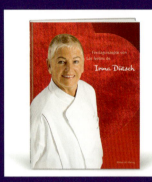

Irma Grandjean wurde während eines Schneesturms am 30. Oktober 1944 um 13 Uhr einen Tag vor Vollmond im Sternzeichen «Skorpion» geboren.

Die Schule habe ich in Gruyère und in Fribourg am «Technicum féminin» Joliemont besucht, unter dem Namen «Nano».

Ich wusste schon sehr früh, dass ich Köchin werden würde. Aber ach, es war nicht einfach, denn niemand wollte ein Mädchen in der Küche.
Meine Lehre habe ich in Rheinfelden am Rheinufer gemacht. Später habe ich in Neuenburg in den «Halles» gearbeitet, im «Vieux Chalet» in Crésuz und dann ging es weiter ... zum Hilton nach Montreal ...
1967 wurde ich in der Kirche «Notre-Dame», in der Kapelle des alten Montreal, Irma Dütsch. Hans-Jörg, das ist mein Mann, der Koch, mit einem EHL-Diplom.
Sandra wurde in Montreal geboren; sie hat ihr Jugendpsychologie-Studium mit dem Lizenziat abgeschlossen und arbeitet an ihrer Doktorarbeit über Kunst- und Ausdruckstherapie.
Danach habe ich in New York, St. Louis Missouri, in Kalifornien und Mexiko gearbeitet. Zurück in der Schweiz übernahmen wir das «Plaza» in Kreuzlingen am Ufer des Bodensees, wo Jörg geboren wurde. Caroline kam in Kreuzlingen zur Welt. Sie hat ein EHL-Diplom und ist heute in einer guten Position im Marketing tätig. Jetzt blicken wir auf 30 Jahre im Fletschhorn in Saas Fee zurück, in diesen schönen und hohen Bergen, den Viertausendern, im Schnee und an der Sonne, dem Himmel und den grossen Gipfeln nahe. Wir haben Auszeichnungen von internationalen Institutionen erhalten, wie Alpes Latines, Strassburger Parlament, Le Tour du Monde en 80 Toques, Clef d'or, GaultMillau, Michelin. Für eine Küche braucht es mehr als Rezepte. Und überhaupt, was ist ein Rezept? Ein Rezept ist eine Liebesgeschichte zwischen einem Produkt und einer Person. Ein Gericht hat einen Körper, eine Seele, eine Geschichte, einen Geschmack. Was ist ein Koch? Ein Koch ist jemand, der die Aromen und Essenzen aus den Produkten herauszuholen versteht, der Geschmacksverbindungen herstellen kann, der eine Technik und eine Meisterschaft in der Veredelung der Produkte entwickelt hat. Seit ich in Saas Fee bin, habe ich in Bangkok, Jakarta, Hongkong, Peking, Tokio, Osaka, Fukuoka, Hiroschima, Seoul, San José, London, in der Toskana, im Tirol, auf Sylt in Deutschland und sogar an mehreren Orten in der Schweiz gekocht wie etwa in Bern, Langenthal, Gstaad, St. Moriz, Zürich, Greyerz, Zermatt und auch im Walliserhof in Saas Fee, und demnächst werde ich in Tallinn und in Riga kochen.

Irma und Hans-Jörg Dütsch

www.irmaduetsch.ch

Poularde au foin de la Gruyère, mousseline safranée

Zutaten für 4–5 Personen

Poularde au foin de la Gruyère
1	Poularde de Gruyère (1,3 kg)
150 g	Wurzelgemüse (Sellerie, Karotten, Zwiebel)
1,5 dl	Weisswein
1,5 dl	Gemüse- oder Geflügelfond
20 g	Heu
60 g	Butter
100 g	Kuchenteig
	Salz, Pfeffer

Mousseline safranée
500 g	Kartoffeln, geschält
1 dl	Rahm
100 g	Butter kalt, in Stücke geschnitten
20	Safranfäden
	Salz, Pfeffer, Muskatnuss

Poularde au foin de la Gruyère
Die Poularde gut säubern und den Schlüsselbeinknochen herausschneiden.
Innen und rundum mit Salz und Pfeffer würzen und binden.
Das Gemüse schälen und in kleine Würfel und Scheiben schneiden.
In einem Topf mit Deckel einen kleinen Teller umgedreht auf den Topfboden legen.
Die gebundene Poularde darauf setzen und mit dem Gemüse umstreuen. Den
Fond und den Weisswein dazu geben (die Poularde darf nicht im Fond liegen). Mit
dem Heu zudecken.
Den Rand des Topfes mit dem Kuchenteig verkleiden und den Deckel fest darauf pressen.
Bei 200 °C für 45 Minuten in den Ofen schieben. Noch 15 Minuten zugedeckt ziehen lassen.
Am Tisch öffnen.
Das Heu vorsichtig entfernen und die Poularde herausnehmen. Den Fond mit dem Gemüse zum
Kochen bringen und auf die Hälfte einreduzieren lassen. Mit der Butter binden.

Mousseline safranée
Die Kartoffeln in Salzwasser mit 5 Safranfäden weichkochen und abpassieren. Gut trocknen
lassen und durch ein Haarsieb streichen.
In die noch heisse Masse die Butter langsam nach und nach unterrühren. Den Rahm mit den
restlichen Safranfäden aufkochen, mit Salz, Pfeffer und etwas Muskat würzen und unter das
Püree rühren. In einen Spritzsack mit Sterntülle füllen und auf die vorgewärmten Teller dressieren.
Die Poularde tranchieren und anrichten. Mit der Sauce übergiessen, sofort servieren.

Flavio Fermi

Flavio Fermi, geboren am 17. Juni 1984 in Basel und in Pratteln aufgewachsen, liebte seit langem Backen, Kochen und natürlich gutes Essen. Mit zur Hälfte Italienischem Blut väterlicherseits und einer hervorragenden Köchin zur Mutter, war schnell klar, dass er sich gegen den schulischen Werdegang entschied und seine Kochlehre im Basler Kultrestaurant dem Gundeldingerhof unter Dominic Lambelet begann.

So zog es ihn bald danach in den hohen Norden um auf Sylt bei Dirk Lässig zu kochen, nach Hamburg in «Die Bank» um unter Fritz Schilling zu dienen und nach Berlin zu Tim Raue um seine innovative, moderne Küche kennen zu lernen und sich weiterzubilden. Seit Januar 2009 ist Flavio Fermi Küchenchef im altehrwürdigen Rollerhof am Basler Münsterplatz und erkochte sich mit seinem innovativen, aber dennoch fundiertem Kochstil schon bald darauf 14 GaultMillau-Punkte, auf die nächsten Kritiken dürfen wir gespannt sein.

Restaurant Rollerhof

Gastfreundschaft ist ein wesentlicher Bestandteil kultureller Vielfalt. Das Restaurant Rollerhof ist ein Teil des Museums der Kulturen und hier kochen und wirten seit dem 17. Januar 2009 mit ungebrochener Freude Astrid und Dominic Lambelet und Team. Selbstverständlich wird da auch mit dem Museum zusammengespannt. Ethnologie und Gastronomie ergänzen sich bestens.

In der Küche wird «das Spezielle» gesucht, folglich wird konsequent die Verarbeitung einzigartiger Lebensmittel gefördert, welche aus nachhaltiger Landwirtschaft stammen und nicht in jedem Supermarkt zu haben sind. Es werden hochwertige Produkte verarbeitet und inszeniert, mit Gespür für gutes Essen und Freude am Verwöhnen. Bewährtes und Überraschendes harmonisch vereint.

www.rollerhof.ch

Fotos: Martin Graf

Island-Kabeljau, Cassoulet von Bärenkrebs, sardische Tomate und grüne Bohnen, Parmesanschaum und Eierschwämmli

Zutaten für 4 Personen

4 x 100 g	Kabeljaufiletsmedaillons
100 g	Eierschwämmli
15 g	Frühlingszwiebelringe
1 Zweig	Thymian
15 g	Butter

Cassoulet

50 g	Eschalotten
6 Stk	Bärenkrebse
60 g	Bohnen weiss, klein, gewässert
240 g	Bohnen grün
7 Stk	Sardische Tomaten
2 cl	Pernod
1,5 dl	Weisswein
3 g	Fenchelsamen, geröstet
10 g	Schnittlauch fein geschnitten
20 g	Butter
1 x	Abschmecken: Salz/Pfeffer weiss/Zitronensaft

Parmesanschaum

16 g	Butter
20 g	Eschalotten
20 g	Reismehl
80 g	Fenchel
4 dl	Fischfond
2 dl	Rahm
5 cl	Milch
60 g	Parmesan
1 x	Abschmecken: Salz/Pfeffer weiss/Zitronensaft/Panch Puran

Cassoulet
Bärenkrebse aufschneiden und vierteln, Tomaten blanchieren, schälen, Kerngehäuse entfernen und in 6 Schnitze schneiden. Grüne Bohnen in 1 cm lange Stücke schneiden, Eschalotten in kleine Würfel. Weisse Bohnen kochen, bis sie noch ein bisschen Biss aufweisen, ebenso die grünen.

Parmesanschaum
Eschalottenwürfel in Butter andünsten, mit Mehl bestäuben und farblos rösten, mit Weisswein ablöschen und Fischfond auffüllen. Fenchel beigeben und auf die Hälfte reduzieren lassen. Rahm und Parmesan beigeben, abschmecken.

Zubereitung
Ofen auf 100 °C vorwärmen, Kabeljau auf Hautseite in einer Bratpfanne goldbraun anbraten, ein Zweig Thymian und die Butter beigeben, wenden und in den Ofen schieben. Die Eierschwämmli ebenfalls anbraten, dann salzen und pfeffern und Frühlingszwiebeln beigeben Für das Cassoulet die Eschalotten und Bärenkrebse in Olivenöl glasig dünsten, Bohnen und Tomaten beigeben und mit Weisswein ablöschen, das Cassoulet mit dem Pernod und den Fenchelsamen abschmecken. Schnittlauch und Butter beigeben und in einem tiefen Teller anrichten.
Milch in die heisse Parmesansauce geben und mit dem Handmixer aufschäumen.
Schaum, Kabeljau und Eierschwämmli wie auf dem Foto anrichten.

Thierry Fischer

Geboren am 4. Juli 1973 in Strasbourg

Aus- und Weiterbildung und Berufserfahrung

- Lehre als Koch im Restaurant «Au Cerf» in Rosheim
- Koch im Restaurant «à L'Agneau» in Illkirch
- Chef de Partie im Wald-Schloss Hotel Friedrichsruhe, Zweiflingen, Deutschland (1 Michelin-Stern)
- Demi Chef Saucier im Historischen Gasthaus «Schwanen», Haigerloch, Deutschland (2 Michelin-Sterne)
- Chef de Partie im Restaurant «Schwarzwaldstube», Hotel Traube, Tonbach, Deutschland (3 Michelin-Sterne)
- Sous Chef und Verantwortlicher Traiteur, Bankette und Seminare im Restaurant «Les Quatre Saisons» im Hotel Europe, Basel
- Chef de Cuisine in Brasserie «Baselstab», Basel
- Chef de Cuisine im Hotel Basel, Basel

Meilensteine
- Harald Wohlfahrt: Top-Gastronomie auf sehr hohem Niveau erleben
- Peter Moser (1 Michelin-Stern): ideenreiche Küche aus nächster Nähe

Schloss Binningen

SINNLICHKEIT ...

Das Schloss Binningen ist ein Bijoux aus dem 12. Jahrhundert vor den Toren Basels. Es lebt vom Charme vergangener Zeiten und den Ideen der Gastgeber.
Der Elsässer Küchenchef Thierry Fischer baut auf seinem soliden Kochwissen auf. Mit spielerischer Leichtigkeit kombiniert er qualitativ hochwertige Produkte mit viel Handwerk zu Kunstwerken des Genusses. Einzigartige Saucen, von Grund auf zubereitet, sind sein Markenzeichen.
Das Pächterpaar Franziska Keller Raemy und Bernard Raemy führen das Restaurant Schloss Binningen und das Hotel im Schlosspark – dies ebenfalls ein historischer Bau. Die Kochkunst des Küchenchefs und seines Teams, das Herzstück des Betriebes, erfüllen sie mit Begeisterung und Stolz.

... ERHÄLT EINE NEUE BEDEUTUNG.

www.schlossbinningen.ch

Fotos: Martin Graf

Tranche vom Freilandschwein, Quark-Knöpfli, «Vergessenes Gemüse» und Sauce mit Single Malt

Zutaten für 4 Personen

800 g	Karree vom Freiland-Schwein mit Fett vom «Jenzer» aus Arlesheim

Quark-Knöpfli
300 g	Quark
165 g	Mehl
2	Eier
15 g	Butter
	Salz, Muskat

«Vergessenes Gemüse»
200 g	Topinambur
100 g	Petersilienwurzel
100 g	Romanesco
200 g	Schwarzwurzeln
200 g	Gelbe Navets
10 g	Butter
	Salz, Pfeffer

Single-Malt-Sauce
3 dl	Kalbsjus
20 g	Schalotten in Streifen geschnitten
1 dl	Portwein rot
5 cl	Sherry Medium
10 g	Butter
8 cl	Whisky (Single Malt)
	Salz, Pfeffer

Quark-Knöpfli
Zutaten der Knöpfli kräftig vermengen. Mit einem Kaffeelöffel Nocken abstechen und im siedenden Salzwasser kochen. Wenn die Knöpfli an die Wasseroberfläche steigen (nach etwa 2 Minuten), herausnehmen und erkalten lassen.

«Vergessenes Gemüse»
Gemüse schälen und zu Rauten schneiden. Im gesalzenen Wasser blanchieren. Sofort im Eiswasser abschrecken. Kühl stellen.

Schweinskarree
Das Karree vom Metzger parieren lassen. Das Fett einschneiden und auf der Seite bei grosser Hitze anbraten. Wenn das Fleisch goldig glänzt, umdrehen. Anschliessend bei 180 Grad ca. 45 Minuten garen. 10 Minuten mit Alufolie zugedeckt ruhen lassen.
Sauce: Schalotten anrösten und mit Portwein, Sherry und ⅓ Whisky ablöschen. Aufkochen und mit Kalbsjus auffüllen. Leicht einreduzieren lassen. Vor dem Servieren mit dem restlichen Whisky auffüllen und die kalte Butter unter die Sauce ziehen.
Anrichten: Die Knöpfli kurz in der Butter anbraten. Das Gemüse sautieren und abschmecken. Das Fleisch tranchieren und anrichten.
Dekoration: Schwarzwurzel-Chips

Fabian Fuchs

Fabian Fuchs, 1961 in Malters geboren, absolvierte nach der Kochlehre eine Zusatzlehre als Konditor-Confiseur. Dies nicht etwa, weil er des Kochens bereits überdrüssig gewesen wäre, sondern weil er Zeit brauchte – Zeit für seinen Sport. Als Konditor-Confiseur konnte er sich im Sommer den notwendigen Freiraum für Training und Velorennen nehmen – und während der Wintersaison arbeitete er als Koch in guten Häusern. Bereits mit 24 Jahren wurde er Radrennprofi, was er bis zum 32. Altersjahr blieb. In seinem Hinterkopf immer der Gedanke, später als Koch Furore zu machen. Bereits als 18-jähriger Kochlehrling träumte Fabian Fuchs davon, einmal die «Krone» in Blatten zu übernehmen! Als diese zum Verkauf stand, schlug das Glück ganz gewaltig zu: «Wir hatten in Theo Meierhans den besten Investor gefunden, den man sich wünschen konnte. Er liess uns beim Umbau mitbestimmen und ermöglichte es, unseren Traum, unsere Vision zu realisieren.»

Gasthof Krone

Ein Zacken fällt uns nicht aus der Krone, wenn wir Ihnen ganz offen gestehen, dass es sich mit unserer Krone ein wenig anders verhält als mit einer aus Gold: Zwar tragen wir sie, stehen mit Freude, Energie und Ideen hinter ihr, doch König ist der Gast und seine Gesellschaft. So die Philosophie der Krone-Crew. In diesem erfolgreichen, gepflegten und traditionsreichen Gasthaus widerspiegeln die Räumlichkeiten jene Flexibilität, die in der Krone geliebt und gelebt wird. Alle verfügen über einen unterschiedlichen, individuellen Charme – das Interieur verbindet Tradition und Moderne: Sei es die heimelige Gaststube mit Dorfbeiz-Charakter, die Poststube für den gepflegten À-la-carte-Service, der St.-Jost-Saal für Anlässe aller Art bis zu 50 Personen oder der Kronenkeller als gemütliches Refugium für etwa 25 Personen. Ein Sitzungszimmer, ausgestattet mit moderner Infrastruktur, steht für Konferenzen und Seminare zur Verfügung. Im Sommer sucht man gerne lauschige Plätzchen im Garten unter den Kastanienbäumen, wo sich gleich nebenan der Abenteuerspielplatz für die Kinder befindet.

www.krone-blatten.ch

Rindsfilet «Chili con Carne»

Ochsenschwanz
Ochsenschwanz würzen, allseitig kräftig anbraten. In braunem Kalbsfond weich schmoren. Fond abpassieren und einreduzieren. Ochsenschwanz auslösen, beiseite stellen. Vor dem Anrichten die Ochsenschwanzstücke im reduzierten Jus aufwärmen.

Gemüse
Die schwarzen Bohnen in ungesalzenem Wasser weich kochen. Peperoni schneiden. Olivenöl, Weissweinessig und Zucker zusammen aufkochen, die Peperoni kurz mitkochen und vom Feuer nehmen. Minimais und grüne Bohnen rüsten, in kräftig gesalzenem Wasser blanchieren.

Guacamole
Die Avocado halbieren, entsteinen und schälen. In grobe Würfel schneiden. Die Chili entkernen und hacken. Limettensaft und Chili vermischen, salzen, pfeffern und gut umrühren.

Rindsfilet
Rindsfilet würzen, kräftig anbraten. Auf ein Gitter legen, dann 10 Minuten bei 180 °C in den Ofen geben, anschliessend bei 75 °C abstehen lassen. Kurz vor dem Anrichten Rindsfilet noch einmal kräftig anbraten.

Tortillas
Die Tortillas in einer Bratpfanne aufwärmen.

Anrichten
Die Tortillas auf dem Teller anrichten. Das warme Ochsenschwanzragout auf die Tortillas verteilen. Das Rindsfilet in Medaillons schneiden und auf den Teller geben. Mit dem Gemüse und der Guacamole ausgarnieren.

Tipp
Dazu passt hervorragend eine argentinische Chimichurri-Sauce

Zutaten

Ochsenschwanz
1 kg	Ochsenschwanz, geschnitten
2 l	Kalbsfond, braun
	Salz
	Pfeffer

Gemüse
1 Stk	Peperoni, rot
1 Stk	Peperoni, gelb
0.5 dl	Olivenöl
1,2 dl	Weissweinessig
38 g	Zucker
6 Stk	Minimais, frisch
80 g	Buschbohnen, grün
30 g	Bohnen, schwarz
80 g	Tomaten Concassé

Guacamole
1 Stk	Avocado
1 Stk	Limetten
½ Stk	Chili, frisch
	Salz
	Pfeffer

Rindsfilet
500 g	Rindsfilet, am Stück
	Salz
	Pfeffer

Diverses
4 Stk	Maistortillas

Torsten Götz

Torsten Götz, Deutsch-Schweizer Doppelbürger, aufgewachsen in der Nähe von Schaffhausen, wollte schon immer Koch werden!
Viele verschiedene Spitzenhotels und Top-Restaurants sowie deren Region haben seinen Kochstil geprägt. Dieser Weg setzt sich aus vielen Inspirationen zusammen und aus all diesen verschiedenen Einflüssen und Eindrücken hat sich seine Gewürzküche – «myfoodart» entwickelt. Durch die Vielfalt der kulinarischen Welten kann man heute aus dem Vollen schöpfen und es sind der Kreativität fast keine Grenzen mehr gesetzt. Besonders spannende Kreationen entstehen durch die Verbindung verschiedener Kochkulturen. So entstehen ganz neue und spannende Geschmackserlebnisse, ja zum Teil sogar Geschmacksexplosionen.

Victoria-Jungfrau Grand Hotel & Spa

Im Herzen der Schweiz – eingebettet zwischen zwei Seen und zu Füssen des ewig weissen Jungfraumassivs – liegt das VICTORIA-JUNGFRAU Grand Hotel & Spa.
Stil, Eleganz und Grosszügigkeit der guten alten Zeit, kombiniert mit Luxus und Komfort von heute, stehen für den Genuss in legerer Ungezwungenheit. 212 luxuriöse Gästezimmer und Suiten, Konferenzräumlichkeiten von 4 bis 400 Personen mit modernsten technischen Einrichtungen sowie ein aussergewöhnlicher Spa stehen dem Gast zur Verfügung.
Genuss pur heisst ideenreiche, moderne Cross-over-Küche im Restaurant «La Terrasse» (16 GaultMillau-Punkte), kulinarische Entdeckungen aus der ganzen Schweiz in der «Jungfrau Brasserie» (15 GaultMillau-Punkte) oder frisch zubereitete Pastagerichte im stilvoll und modernen Interieur der «La Pastateca».

www.victoria-jungfrau.ch | www.myfoodart.com

Oberländer Forelle/Limonen-Olivenöl/Grüne Sauce/«Rubli» Speck/Belper Knolle

Zutaten

Tatar Forelle

600 g	frische rote Forellenfilets (o. Gräten/Haut/Bauchlappen)
1 TL	Kerbel gehackt
1 TL	Blattpetersilie gehackt
100–120 ml	natives Limonen-Olivenöl
	Salz, Pfeffer aus der Mühle

Grüne Sauce

	Petersilie, Schnittlauch, Kerbel, Sauerampfer, Dill, Estragon, Rucola, Minze Zitronensaft
¼ Liter	Schmand oder saurer Halbrahm
150 g	Joghurt
1 Prise	Zucker
	Salz
	Pfeffer aus der Mühle

Tatar Forelle
Forellenfilets waschen, trocknen und in feine Würfel schneiden.
Tatar mit Kerbel und Blattpetersilie mischen.
Mit Salz und Pfeffer würzen.
Limonen-Olivenöl zugeben und alles abschmecken.

Grüne Sauce
Alle Kräuter (ca. 300 g) verlesen, gründlich waschen und abtropfen lassen.
Grob wiegen oder hacken und in einen Mixer geben.
Schmand/Saurer Halbrahm und Joghurt zugeben, mit Salz, Pfeffer, Zitronensaft und einer Prise Zucker würzen. Alles zusammen kurz mixen.
Zugedeckt an einem kühlen Ort mindestens(!) 1 Stunde durchziehen lassen.
Nochmals mit Salz, Pfeffer und eventuell etwas Zucker abschmecken, etwa 15 Minuten durchziehen lassen und servieren.

Hauchdünn geschnittene Speckscheiben und gehobelte Belper Knolle oben auf den Tatar setzen – je nach Geschmack.

Rolf Heiniger

Rolf Heiniger ist als Sohn eines Kaminfegermeisters in Oberdiessbach BE geboren und in Thun aufgewachsen. Durch eine Ölstauballergie konnte er den Kaminfegerberuf nicht erlernen. Bei einem Ferienaufenthalt in Lugano durfte er in der Hotelküche mithelfen. Und somit war die Entscheidung getroffen, er wollte Koch werden.
Nach der Kochlehre in Olten arbeitete er in verschiedenen gepflegten Betrieben in der ganzen Schweiz, Holland und Jersey. Nach Stationen als Küchenchef im Hotel Seehof Davos und im Hotel Bad Schachen Lindau (D) ging es ins Tessin zum Hotel Losone. Von dort aus wurde er 1987 Mitglied in der Schweizer Kochnationalmannschaft.
Er ist mit Petra verheiratet und hat eine Tochter Elena. Seit 11 Jahren führen sie zusammen als kleines Familienunternehmen die Osteria Al Giardinetto in Brissago.

Osteria Al Giardinetto

Willkommen in der Osteria Al Giardinetto.
An der Hauptstrasse, mitten im Ort Brissago, steht das traditionsreiche «Giardinetto», ehemals Giardino von Angelo Conti Rossini. Mit einer kleinen und wechselnden Menukarte erwarten Petra und Rolf ihre Gäste. Es ist von Vorteil zu reservieren, da im Restaurant und im Patio nur wenige Tische vorhanden sind.
Die Osteria ist abends geöffnet und für Anlässe ab 10 Personen auch am Mittag.

www.al-giardinetto.ch

Rosa gebratenes Lamm-Entrecôte mit Rucolapesto, Sommergemüse und Ofenkartoffeln

Foto: Clara Tuma

Zutaten für 4 Personen

Lamm
4	Lamm-Entrecôte à 170–180 g ohne Sehnen
	Salz, Pfeffermühle
	Erdnussöl zum Anbraten
	Senf zum Bestreichen

Pesto
50 g	gewaschene wilde Rucolablätter
10 g	Pinienkerne
2	frische Knoblauchzehen
10 g	geriebenen Parmesan
Prise	Salz, Pfeffermühle
1–1,5 dl	Extra Vergine Olivenöl

Lamm
Backofen auf 220 °C vorheizen.
Fleisch würzen und in der Pfanne im heissen Öl ca. 2–3 Minuten auf einer Seite anbraten.
Umdrehen und mit der Pfanne im Ofen 3–4 Minuten fertig braten.
Je nach Dicke des Fleisches (Kerntemperatur 45–50 °C).
Gebratenes Fleisch auf einen Teller legen, mit wenig Senf bestreichen und kurz ruhen lassen.

Pesto
Die Pinienkerne, den Knoblauch und die Rucolablätter zusammen zerhacken.
Anschliessend Parmesan und Olivenöl dazu und abschmecken.

Tipp
Das bunte Gemüse in die Mitte des warmen Tellers geben, rundherum die Kartoffeln legen.
Lamm-Entrecôte quer durchschneiden und auf das Gemüse legen.
Das Pesto darüber geben, etwas Bratensauce dazu.

Sommergemüse: gelbe Zucchini, Karotten, Cocobohnen, Kohlrabi, Cherrytomaten und kleine Eierschwämmli

Dazu passt auch: Gorgonzola-Polenta oder Tomatengnocchi mit frischen Eierschwämmli

Jeremy Holenstein

Jeremy Holenstein ist am 4. Oktober 1979 in der Schweiz geboren. Im Alter von fünf Jahren wanderte er zusammen mit seiner Familie nach Australien aus – in die Heimat seiner Mutter. Dort entdeckte er bereits mit 9 Jahren seine Begeisterung füs Kochen als er im Restaurant seines Onkels in der Küche mithelfen durfte. Ein paar Jahre später machte er seine Leidenschaft zum Beruf und absolvierte in Donvan's Fine Dining Restaurant in Melbourne erfolgreich seine Ausbildung als Koch. Danach vertiefte er seine Kenntnisse und sein Können in verschiedenen Fine Dining Restaurants in Australien und auf hoher See – auf dem Luxus-Liner Sea Fire mit Heimathafen Queensland.
Seit November 2008 ist Jeremy zurück in der Schweiz und verwöhnt als Küchenchef im Ristorante La Dolce Vita in Zermatt die Gäste mit mediterranen Köstlichkeiten.

la Dolce Vita Ristorante

Im Untergeschoss der traditionsreichen Walliserkanne an der Bahnhofsstrasse in Zermatt befindet sich das Ristorante La Dolce Vita. Im südlichen Ambiente verzaubert Küchenchef Jeremy Holenstein seine Gäste mit einer phantasievollen mediterranen Küche. Dazu gehört selbstverständlich auch ein guter Tropfen Wein: Neben den bekanntesten Walliser Weinen finden sich auf der Weinkarte eine Auswahl an italienischen Trouvaillen und erlesene Weine aus Frankreich.

www.walliserkanne.ch

Kurz gegrillter yellow-fin Thunfisch auf Caponata und schwarzen Linguine

Zutaten für 4 Personen

500 g frisches Thunfischfilet

Caponata
1	mittelgrosse Aubergine
1	Zwiebel
2	Stangen Sellerie
½	Fenchelknolle
1	Zucchini
3	Tomaten
1 kl. Bund	Basilikum
	Extra virgin Olivenöl
1 EL	Napolisauce oder Tomaten-Sugo
1 EL	Zucker
2 EL	Kapern
	Salz und Pfeffer

Linguine
600 g	schwarze Linguine
500 g	schwarze Muscheln
½	Zwiebel
2	Tomaten
1 Bund	Petersilie
200 ml	Weisswein
2	Knoblauchzehen geschnitten
	Salz und Pfeffer
	etwas Zitronensaft

Caponata
Sämtliche Gemüse in Zentimeter grosse Würfel schneiden und – ausser Tomaten – in auf 170° geheiztes Olivenöl in einem grossen Topf goldbraun anbraten, herausnehmen und mit den restlichen Zutaten mischen (Basilikum auseinander reissen nicht schneiden). Vor dem Gebrauch mindestens eine halbe Stunde ziehen lassen.

Linguine
Linguine in gesalzenes, kochendes Wasser geben und ca. 4 Minuten al dente kochen und abtropfen lassen. Zwiebel in kleine Würfel (Brunoise) schneiden und kurz in Olivenöl andämpfen, Knoblauch und Muscheln dazugeben. Mit Weisswein ablöschen. Tomaten in kleine Würfel schneiden und beigeben. Auf kleiner Hitze kochen bis die Sauce eine dickflüssige Konsistenz aufweist. Gehackte Petersilie und Linguine der Sauce beigeben.
Mit Salz, Pfeffer und etwas Zitronensaft abschmecken.

Thunfischschnitte nach eigenem Geschmack anbraten, mit Linguine und Caponata anrichten.

Hans-Peter Hussong

Hans-Peter Hussong wurde am 11. März 1955 in St. Ingbert im Saarland geboren. Mit 14 Jahren absolvierte er seine Kochlehre und kam mit 17 Jahren als ausgebildeter Koch in die Schweiz. In seinen ersten Jahren wechselte er in der Sommer- und Wintersaison zwischen der Schatzalp in Davos, dem «Quellenhof» in Bad Ragaz und dem «Ascolago» in Ascona. In diesem Hotel stand damals der Küchenchef Horst Petermann seiner Brigade vor und Hans-Peter verbrachte vier lehrreiche Saisons unter seiner Regie. Es folgte ein Abstecher nach Berlin ins Hotel Palace und eine Saison auf der Lenzerheide. Danach wirkte er während dreier Jahre als Küchenchef in der Osteria Delea in Losone, wo er bereits mit seiner späteren Gattin Ines zusammen arbeitete. 1990 übernahm er mit Ines die idyllische «Wirtschaft zum Wiesengrund» an der Goldküste in Uetikon am See.
Die Hussongs konnten 1998 den Wiesengrund selber übernehmen und so wurde dieses Lokal auch zur festen Heimat. Voller Stolz blicken Ines und Hans-Peter dieses Jahr auf 20 Jahre sehr erfolgreiche Tätigkeit zurück. Das Wirtepaar Hussong, seit 1985 miteinander verheiratet, wohnt mit seinen beiden Kindern oberhalb des Restaurants. Ihre Kinder – Sara hat die Kochlehre absolviert und Yves lernt Automechaniker.

Wirtschaft zum Wiesengrund

Die Wirtschaft zum Wiesengrund hat sich als ein richtiges Kleinod für Geniesser weit über die Schweizer Grenzen hinaus etabliert. Und wer dieses Kleinod einmal entdeckt hat, findet immer wieder einen Grund für den Besuch im Wiesengrund, denn hier werden Kochkunst und Gastlichkeit mit Genuss zelebriert und gelebt. Der Gast kann sich hier in stressfreier Atmosphäre auf höchstem Niveau kulinarisch verwöhnen lassen.
Die gepflegte Restaurantstube mit ihren rund 35 Plätzen und mit dem originalen Sichtmauerwerk des jahrhundertealten Hauses wirkt sehr einladend und stilvoll.
Im Sommer geniesst man das Essen im prächtigen Garten unter den schattenspendenden Platanen, umgeben von den vielfältigsten und duftenden hauseigenen Kräutern.
Ines Hussong führt den Weinkeller, der sich mit einer unglaublichen Auswahl hervorragender Weine in bestem Preis-Leistungs-Verhältnis auszeichnet. Mit viel Einfühlungsvermögen führt sie zudem das Servicepersonal und betreut die Kundschaft mit Charme und Liebe zum Detail.
Hans-Peter Hussong ist der Chef der hochmodernen Drei-Mann-Brigaden-Küche. Hussong pflegt eine schnörkellose Küche auf höchstem Niveau. Er überwacht akribisch, was auf den Teller kommt.
Der Wiesengrund brilliert mit Gerichten, welche mit neuen Impulsen, intensiven Geschmackserlebnissen und mit geheimnisvollen Essenzen überraschen.
Trotz des 20-jährigen Bestehens ist in der Wiesengrund-Küche nie die Routine eingezogen. Dazu ist Hans-Peter Hussong viel zu neugierig, zu dynamisch und zu unruhig.
Wann immer man die kleine Küche betritt, begegnet man den herrlichen Gerüchen aus grossen Kochtöpfen mit Basisprodukten für die unterschiedlichen und unheimlich gehaltvollen Reduktionen.
Die Gäste fühlen sich wohl in dieser Umgebung und geniessen ungezwungen die Künste des Kochs und seiner Mitarbeiter.

www.wiesengrund.ch

Crépinette von Ochsenschwanz, in Rotwein geschmort

Zutaten	
8 Scheiben	aus der Mitte des Ochsenschwanzes geschnitten
2 l	Rotwein
1	Lorbeerblatt
1	Nelke
2	Zwiebeln, klein geschnitten
2	Karotten, geschält, klein geschnitten
1	Sellerie, geschält, klein geschnitten
	Salz, Pfeffer aus der Mühle
Öl	zum Anbraten
50 g	Tomatenpüree
1 EL	Mehl
100 ml	Portwein
100 ml	Madeira
100 g	getrocknete Steinpilze, eingeweicht
100 g	Champignons, klein geschnitten
2	Knoblauchzehen, gepresst
1 Zweig	Rosmarin
1	Schweinenetz

Die Ochsenschwanzstücke zusammen mit Lorbeerblatt, Nelke und dem Gemüse im Rotwein 48 Stunden marinieren.

Die Ochsenschwanzstücke aus der Marinade nehmen und gut abtrocknen, mit Salz und Pfeffer würzen und in heissem Öl gut anbraten. In der Zwischenzeit das Gemüse absieben und die Rotweinmarinade auffangen. Das Bratfett vom Ochsenschwanz etwas abgiessen, das Marinadengemüse dazugeben und ebenfalls gut anbraten, so dass es eine schöne braune Farbe annimmt. Das Tomatenpüree mit anrösten und mit dem Mehl bestäuben, dieses ebenfalls etwas Farbe annehmen lassen, das Ganze mit Portwein und Madeira ablöschen, dann mit dem Rotwein von der Marinade auffüllen und einkochen lassen; nach einiger Zeit mit 1 Liter Wasser auffüllen und weiter schmoren lassen. Die Ochsenschwanzstücke insgesamt 4–5 Stunden schmoren, dabei ab und zu umdrehen, falls nötig noch etwas Wasser zugiessen. 20–30 Minuten vor Ende der Kochzeit Steinpilze, Champignons und Knoblauch dazugeben.

Die geschmorten Ochsenschwanzstücke aus der Sauce nehmen. Das Fleisch vom Knochen lösen. Das Schweinenetz in vier Teile schneiden und das ausgelöste Fleisch darin einpacken, gut zusammendrücken und kalt stellen.

Die Sauce durch ein feines Sieb passieren, den Rosmarinzweig dazugeben und um die Hälfte einkochen lassen. Die Sauce nochmals durch ein feines Sieb passieren, mit Salz und Pfeffer abschmecken.

Tobias Jillich

Tobias Jillich wurde 1968 geboren und wuchs in Bruchsal, Deutschland, auf. Er ist verheiratet mit Judith und hat eine Tochter Alina.
Der Wunsch, Koch zu werden, war bei ihm von klein auf klar. Denn in der Restaurantküche seines Grossvaters verbrachte er schon von früher Kindheit an viel Zeit und alles, was in Topf und Pfanne geschah, beobachtete er genau. So absolvierte er dann auch die Kochlehre. Mit dem Ziel, in der Schweiz Fuss zu fassen, begann auch seine Karriere. Er arbeitete in renommierten Häusern wie dem Hotel Eden Roc, Ascona, im Grand Hotel Tschuggen, Arosa, bis ihn sein Weg 1996 nach Zimbabwe, Südafrika, führte. Dort war er eine Saison lang Küchenchef in dem Luxury Hotel Relais & Château Imba Matombo Lodge. Zurück in der Schweiz schloss er mit Erfolg die Ausbildung zum Küchenmeister sowie zum Prüfungsexperten ab. Er erweiterte seinen beruflichen Erfahrungsschatz in von GaultMillau hoch bewerteten Häusern, wie dem Kulm Hotel und dem Suvretta House, beide in St.Moritz.
Seit 2007 verzaubert Tobias Jillich als Küchenchef seine Gäste mit ausgefallenen Eigenkreationen im Hotel Valbella Inn****s.

Hotel Valbella Inn

Hinauf in die frische Bergwelt reisen – und ein Stück Zuhause finden. Das Vierstern-Supérieur-Hotel Valbella Inn auf der Lenzerheide steht für Komfort und familiäre Gastfreundschaft.
Vor der einzigartigen Bündner Bergkulisse wartet die Gastgeberfamilie Ramona und Thomas Vogt auf Sie – und Ihr Wohlbefinden.

www.valbellainn.ch

Gamsrücken aus hiesiger Jagd
auf buntem Kartoffel-Gemüseallerlei mit weissem Wacholderschaum

Zutaten für 4 Personen

4 x 120 g	Gamsrücken pariert
320 g	Kartoffel-Gnocchi
16 Stk	glasierte Maronen
50 g	gerüstete und blanchierte frische Rosenkohlblätter
16 Stk	blanchierte Kürbiskugeln
100 g	gestiftete karamellisierte frische Schwarzwurzeln
12	halbe entkernte blaue Trauben
12 Stk	tournierte Äpfel
1 EL	geschnittener Schnittlauch
16	kleine blanchierte Eierschwämmli
2 dl	weisser Wacholderschaum (zerdrückte Wacholderbeeren in Rahm aufkochen lassen und passieren. Danach mit kalter Butter aufschäumen) Johannisbeeren als Dekor

Den Gamsrücken in frischer Butter mit den Kräutern kurz anbraten. Danach für ca. 6–8 Minuten in den 160 Grad warmen Ofen schieben.
Nach Hälfte der Gardauer den Gamsrücken wenden. In der Zwischenzeit die Kartoffel-Gnocchi ansautieren. Den Gamsrücken aus dem Ofen nehmen und auf einem Gitter ruhen lassen. Gelegentlich umdrehen. Nun das Gemüse und die Eierschwämmli zu den Gnocchi geben. Weiter sautieren, abschmecken und zum Schluss die Äpfel beigeben. Das Kartoffel-Gemüseallerlei auf den Tellern anrichten. Den in frischer Butter nachgebratenen Gamsrücken in 2 Medaillons teilen und auf dem Gemüse platzieren. Ausgarnieren mit Wacholderschaum, Schnittlauchhalmen und Johannisbeeren.

Sebastian Krebs

Seit Februar 2009 Executive Chef Hilton Basel

11.2007–31.1.2009 Küchenchef SV-Catering, Helvetia Versicherung Basel

05.2006–10.2007 Sous Chef – Moevenpick Hotel Zürich Airport 5*Hotel

12.2005–04.2006 Chef Tournant Suvretta House 5* St.Moritz, Schweiz

04.2004–11.2005 Sous Chef Moevenpick Hotel 4* Egerkingen, Schweiz

09.2003–04.2004 Koch Moevenpick Hotel 4* Egerkingen, Schweiz

09.1999–08.2003 Obermaat – Küchenabschnittsleiter Marine, Deutschland

Weiterbildung
Weiterbildung zum staatlich geprüften Diätkoch

Weiterbildung zum Küchenmeister

Thai Food Cooking Seminar in Bangkok/Thailand

Molekulares Kochen

Hotel Hilton

In unserem eleganten Wettstein-Restaurant servieren wir Ihnen neben köstlichen saisonalen und regionalen auch internationale À-la-carte-Speisen und reichhaltige Buffets. Unsere feinen Gerichte werden von einer erlesenen Auswahl an Weinen begleitet.

Ausserdem organisieren wir gerne für Sie Ihre Firmenfeier oder Ihren Firmenapéro. Hier stehen wir Ihnen mit unserem langjährigen Know-how und unserer Kreativität zur Verfügung.

Gerne richten wir auch für Sie Ihre Familienfeier oder Ihre Hochzeit aus. Unser erfahrenes Service- und Küchenteam kümmert sich um die Details und sorgt dafür, dass Sie eine unvergessliche Feier erleben.

www.hilton.de/basel

Gebratene Jakobsmuschel an Safran-Pernod-Schaum mit Eierschwämmliravioli

Zutaten für 4 Personen

Nudelteig
120 g	Weissmehl, Typ 405
40 g	Vollei, frisch
30 g	Eigelb
12 g	Olivenöl, kaltgepresst
1 TL	Wasser
1 Prise	Salz

Füllung Ravioli
240 g	Eierschwämmli
30 g	Schalotten, gehackt
120 g	Ricotta
	Salz
	Pfeffer aus der Mühle
40 g	Parmesan, gerieben
2 Stk	Eigelb
20 g	Schnittlauch

Safranschaum 4 PAX
80 ml	Fischfond
40 ml	Rahm
4 g	Safran gemahlen (eine Messerspitze)
20 g	Schalotten
10 g	Olivenöl
10 g	Pernod

Gebratene Jakobsmuscheln
8 Stk	Jakobsmuscheln, frisch
20 ml	Olivenöl
	Salz
	Pfeffer, weiss

Dekoration
40 g	Eierschwämmli
10 g	Butter
10 ml	Weisswein
	Salz

Nudelteig
Weissmehl sieben und einen Kranz formen. Alle Zutaten in die Mitte geben, mischen, vom Rand aussen nach innen. Es entsteht ein dickflüssiger Teig, der mit den Händen weiterverarbeitet wird. Das Mehl unter den Teig drücken. Nimmt der Teig das Mehl nicht richtig auf, dann 1 EL Wasser zufügen. Der Nudelteig sollte zum Schluss fest und glatt sein. In Folie wickeln und 2 Stunden im Kühlschrank ruhen lassen. Teig durch die Nudelmaschine ausrollen.

Füllung Ravioli
Eierschwämmli putzen und fein hacken. Schalotten in feine Brunoise schneiden und mit den Eierschwämmli bei schwacher Hitze mit etwas Olivenöl im Topf anschwitzen. Die Masse abkühlen lassen und dann Ricotta, Eigelb und Parmesan vermischen, mit Salz, Pfeffer und Schnittlauch abschmecken.
Füllung auf den ausgerollten Nudelteig spritzen, den Rand mit Eigelb bestreichen, Nudelbahnen aufeinander legen, festdrücken und rund mit einem Zackenausstecher ausstechen.
Wasser mit Salz erhitzen, Ravioli im kochenden Salzwasser einlegen, Hitze reduzieren und 4–5 Minuten gar ziehen lassen.
Ravioli aus dem Wasser nehmen und abttopfen lassen und mit zerlassener Butter bestreichen.

Safranschaum
Fischfond herstellen. Schalotten in Würfel schneiden und in Olivenöl erhitzen, mit Weisswein ablöschen, mit Fischfond auffüllen. Rahm beigeben, auf ⅓ reduzieren lassen. Safran und Pernod beigeben. Abschmecken, Sauce sollte nicht mehr kochen.
Vor dem Service mit kalten Butterwürfeln und einem Stabmixer Sauce noch einmal aufmontieren. Schaum mit einem Löffel aufnehmen und auf dem Teller verteilen.

Gebratene Jakobsmuscheln
Jakobsmuscheln kalt abspülen und abtropfen lassen. In Olivenöl kurz anbraten.
Mit Salz und weissem Pfeffer würzen und anrichten.

Als Garnitur ein paar Eierschwämmli in Butter ansautieren. Weisswein dazugeben und nach Bedarf salzen. Auf dem Teller verteilen.

Michel Läser

Foto: Andreas Frutig

Michel Läser, geboren am 29. Mai 1978, absolvierte die Kochlehre im Restaurant Bürgerhaus Bern. Mit der Zusatzausbildung der Handelsfachschule mit KV-Abschluss vertiefte er seine Kenntnisse im Planungs- und Organisations-Management. Berufserfahrungen und kreative Inputs sammelte er unter anderem in Hotels und Restaurants wie dem Victoria-Jungfrau Grand Hotel & Spa in Interlaken, dem Lenkerhof alpine resort, Restaurant Mille-Sens Bern Urs Messerli sowie Stagen im Shangri-La Hotel in Singapur bei Chef Cheng Chau Hon und dem Hawaii Hualalai Hotel Four-Seasons-Resort. Nach 3 interessanten Saisons bei den Grimsel Hotels wechselte er als Executive-Sous-Chef in die Privatklinik-Meiringen und vertiefte dort seine Kenntnisse der Ernährungslehre.
Seit Oktober 2008 ist er Mitglied im neuen Schweizer Kochkunstteam, der Gilde etablierter Schweizer Gastronomen und Mitgründer der Gourmet Ambassador GmbH. Im August dieses Jahres übernahm er die anspruchsvolle Aufgabe als neuer Küchenchef im Restaurant Burehuus Thun, wo er in Zukunft mit einem kleinen, jedoch hoch motivierten Team die Gaumen der Gäste sensorisch verwöhnen wird.

Restaurant Burehuus

Ein ehemaliges Burehuus von 1810 zeigt sich im traditionellen Stil aber in neuem Kleid. In Thun an der Frutigenstrasse 44, täglich geöffnet.
Ein Treffpunkt für Jung und Alt, welche die Vorzüge eines einmaligen Konzeptes mit marktfrischer und regionaler Küche geniessen. Nicht nur das Auge isst mit … dies ist unser Motto.
Lassen Sie sich überraschen von der Vielfältigkeit von traditioneller und moderner Küche, welche alle Sinne berührt. Die Küche überzeugt mit ideenreichen und «peppigen» Gerichten, jederzeit speziell präsentiert, aber immer auf der Tradition basierend. Die Servicekunst kommt nicht zu kurz, werden doch immer Gerichte vor dem Gast flambiert, filetiert und zubereitet. Aus dem Weinkeller kredenzt das Burehuus-Team feine, handverlesene Tropfen – lassen Sie sich überraschen.
Vom Familienfest im kleinen Kreise bis hin zum Anlass bis 80 Personen bietet das Burehuus jeweils «heimelige» Möglichkeiten in abtrennbaren Sälen oder Nebenräumen. Unser Saal in der ehemaligen Heubühne überzeugt durch seinen einzigartigen Charme.
Ein junges aufgestelltes Team verwöhnt Sie, liebe Gäste, mit Herz und Gastfreundschaft.

www.burehuus.ch

Grillierter Entrecôte-Würfel vom Dam-Hirsch mit Lebkuchen-Kaffee-Sauce auf gedünstetem Herbstgemüse, begleitet von Kräuter-Stampfkartoffeln parfümiert mit Vanille und knuspriger Mandel-Kokos-Banane

Foto: Andreas Frutig

Hirschentrecôte
Entrecôte mit allen Zutaten marinieren, kurz grillieren (Grillmuster) und im Ofen bei 80 °C bis zu einer Kerntemperatur von 47–48 °C langsam garen, bei 65 °C warmstellen.

Kaffesauce
Alle Zutaten zusammen auf ⅔ langsam einkochen lassen, abschmecken.

Kräuter-Stampfkartoffeln
Kartoffeln weich kochen, Wasser abschütten und 3 Minuten ausdämpfen lassen, warmer Rahm und die anderen Zutaten beigeben, abschmecken.

gedünstetes Herbstgemüse
Schalotten in Butter/Olivenöl-Gemisch glasig dünsten, Gemüse beigeben, würzen, wenig Wasser dazu und gedeckt im eigenen Saft dünsten.

Mandel-Kokos-Banane
Die Bananen-Viertel in Mehl, Ei, Mandel-Kokosgemisch 2 x wenden und in heissem Öl (160–180 °C) gold-gelb frittieren.

Zutaten für 4 Personen

Hirschentrecôte
600 g	Hirschentrecôte von den Sehnen befreit
4 Stk	Zweige Zitronen-Thymian, gehackt
	Salz, Pfeffer
	Haselnussöl

Kaffesauce
100 g	Starker Kaffee (Espresso oder Ristretto)
250 g	Vollrahm
½	Sternanis
wenig	Lebkuchengewürz
	Salz, Pfeffer

Kräuter-Stampfkartoffeln
650 g	Mehlig kochende Kartoffeln
100 g	Vollrahm
10 g	Butter
etwas	Olivenöl
etwas	Knoblauch, sehr fein gehackt
1 Msp	Vanillemark
	Gehackte Kräuter: Kaffir-Limonenblätter, Schnittlauch, Thymian

gedünstetes Herbstgemüse
350 g	Saisongemüse: Kürbis, Kohlrabi, Mangold, Randen, Stangensellerie
30 g	Schalotten, fein gehackt
etwas	Butter
etwas	Olivenöl
	Salz, Zucker, Pfeffer

Mandel-Kokos-Banane
1	Banane, geschält, halbiert und geviertelt
10 g	gehobelte Mandeln
5 g	Kokosflocken
etwas	Weissmehl
1	Ei verquirlt

Peter Moser

1972 begann Peter Moser die Kochlehre im Kurort Baden-Baden. Weitere Lehr- und Wanderjahre folgten in Triberg, Tonbach, St. Moritz und am Vierwaldstätter See. 1983 übernahm Peter Moser die Aufgaben des Sous-Chefs und Sauciers im Restaurant Les Quatre Saisons in Basel. Mit der bestandenen Berufsprüfung zum eidg. diplomierten Küchenchef erweiterte sich sein Aufgabengebiet innerhalb des Hauses.
In der Zwischenzeit ist das Les Quatre Saisons mit 1* Michelin und 18 Gault-Millau-Punkten ausgezeichnet und die Leistungen von Peter Moser wurden 1994 durch den GaultMillau mit der Auszeichnung zum Koch des Jahres der Schweiz geehrt.

Les Quatre Saisons

Kochkunst auf höchstem Niveau

Nur beste, marktfrische Produkte und eine kreative, abwechslungsreiche Speisekarte. Im Gourmet-Restaurant «Les Quatre Saisons» zeichnen Gastgeber Josef Engler und Küchenchef Peter Moser mit ihrem Können für höchste Qualität und Gastlichkeit. GaultMillau hat dieses Streben nach Perfektion mit 18 Punkten belohnt.

www.balehotels.ch

Kabeljau im Lauchmantel mit Limonenpüree und Kalbsjus

Zutaten für 4 Personen

Kabeljau
480 g	Kabeljaufilet
	Fleur de Sel
¼ dl	fruchtiges Olivenöl
1	mittelgrosse Lauchstange
	Pfeffer aus der Mühle
2 Zweige	Thymian
60 g	Karotten
60 g	Sellerieknolle
60 g	Stangensellerie
60 g	Schalotten
1	Knoblauchzehe (mit Schale leicht zerdrückt)
½ dl	Kalbsjus
2 EL	Noilly Prat

Limonenpüree
250 g	Kartoffeln, mehlige Sorte
½ dl	Rahm
½ dl	Mandelmilch
½	Vanillestängel
½ dl	Olivenöl
	Saft und geriebene Schale einer Limone
	Fleur de Sel

Vorbereitung Kabeljau
Vom Lauchstängel 4 gleich grosse Blätter lösen, diese in Salzwasser blanchieren, in Eiswasser abschrecken und auf Küchenkrepp leicht trocken tupfen. Kabeljaufilet in 4 gleich grosse Stücke zu je 120 g schneiden und mit den Lauchblättern umwickeln. Restliches Gemüse (Lauch, Karotten, Sellerieknolle, Staudensellerie) und Schalotte in ½ cm grosse Würfel schneiden.

Vorbereitung Limonenpüree
Kartoffeln waschen, schälen, in Salzwasser weich kochen und abgiessen. Kartoffeln durch eine Presse drücken. Rahm, Vanillemark und Mandelmilch aufkochen, den Kartoffeln beigeben und das Püree glattrühren.
Mit Olivenöl, geriebener Limonenschale und etwas Limonensaft sowie Fleur de Sel abschmecken.

Zubereitung:
Etwas Olivenöl in einer Teflonpfanne erhitzen, die mit Fleur de Sel und Pfeffer gewürzten Kabeljaufilets darin auf beiden Seiten kurz anbraten und sofort aus der Pfanne nehmen. In derselben Pfanne die Gemüsewürfel mit den Thymianzweigen und dem Knoblauch glasig ansautieren. Mit Noilly Prat ablöschen, Kalbsjus beigeben und aufkochen. In einer feuerfesten Porzellanform mit der Hälfte der Gemüsewürfel den Boden bedecken, darauf die Kabeljaufilets platzieren und die restlichen Gemüsewürfel mit den Thymianzweigen über die Filets verteilen. Mit Olivenöl übergiessen und im 80 °C warmen Ofen ca. 7–10 Minuten fertig garen.

Anrichten
Die Filets wie auf dem Foto mit dem Püree anrichten und den ganzen Teller nochmals mit etwas Limonenschale bestreuen.

Madeleine Müller-Wirz

Madeleine Müller-Wirz wurde am 11. März 1961 geboren und wuchs im thurgauischen Amriswil auf. Nach einer Kochlehre im Heimatdorf folgten diverse Saisonstellen… von Interlaken über Adelboden bis nach Montreux. Während ihrer letzten Wintersaison in Sörenberg lernte sie ihren Ehemann, den gebürtigen Obwaldner Joe Müller kennen. Von dort aus zog sie nach Luzern und übernahm nach der Wirteschule ihren ersten Betrieb im Kanton Zug. Ein kurzer Abstecher führte sie ins Federal im aargauischen Zofingen, wo sie von GaultMillau für ihre spontanen Kochkünste mit 14 Punkten bewertet wurde. Vor bald 8 Jahren kehrte sie in die Innerschweiz zurück und entschied sich dazu, aus dem GaultMillau auszusteigen.
In Sarnen und Alpnach folgten weitere zwei Betriebsübernahmen mit befristetem Pachtvertrag. Seit Juni wirken Madeleine und Joe über die Kantonsgrenze hinaus in Nidwalden, dort wo sich Fuchs und Hase gute Nacht sagen.

Gasthaus Trogen

Fortgezogen aus dem Dorf, hinauf auf einen berühmten Berg, in ein Haus mit Seele und fantastischer Aussicht. Ihr Refugium, eine gemütliche Beiz mit Stil, deren Vorteil der Garten und einige einfache Gästezimmer sind. Madeleine und Joe führen ihr Gasthaus zu zweit im ganz kleinen Rahmen. Klein, fein, frisch und spannend ist das Angebot. Das Saisonmenü (3–5 Gänge) wird abends durch Joes Handschrift auf der Tafel präsentiert. Excellentes Offen- und Flaschenweinangebot. Madeleines gefühlsbetonte Aromaküche ist jederzeit eine längere Reise wert.

www.gasthaustrogen.ch

Poulardenbrust auf Kräuterrahmnudeln

Zutaten für 4 Personen

4 Stk	Poulardenbrüste, mit Haut und Flügelknochen
4 Port.	Nudeln – Tagliatelle (10 mm)
Liaison	5 dl Rahm und 2 Eigelb Gemüse- oder Geflügelfond, Olivenöl, Butter
8 Stk	Junge Rüebli mit Kraut geschält, gekocht
2 EL	Gehackte Kräuter z. B. Peterli, Kerbel, Estragon Salz, Pfeffer, Zitronensaft
Garnitur	Strauss von Kerbel, Peterli, Lavendel

Zubereitung
Poulardenbrust mit Salz und Pfeffer würzen und kurz im Mehl wenden, gut abklopfen und im Olivenöl auf der Hautseite knusprig anbraten, drehen, und unter öfterem Begiessen kurz weiterbraten. Bei 160 °C im Ofen fertig garen. Unterdessen die Nudeln im Salzwasser al dente kochen und abschütten. Im Olivenöl-Butter-Gemüsefond (Glasage) kurz glasieren, Kräuter dazu, mit Liaison abbinden und sofort anrichten. Je zwei Bundrüebli und die tranchierte Poularde daraufgeben. Mit Kräuterstrauss ausgarnieren.

Markus Neff

Markus Neff wird 1963 in Bludenz, Österreich geboren. Die Jahre 1963 bis 1983: Markus wächst nahe der Schweizer Grenze auf und begeistert sich sehr früh während der Lehrzeit für sein Handwerk – grosse Ausdauer kennzeichnen seine Bereitschaft beim Lernen. Mit zwanzig Jahren kommt Markus das erste Mal mit dem Fletschhorn in Berührung. Es beginnt ein neuer Lebensabschnitt und bald schon vertraut ihm Frau Dütsch viele Bereiche der Küche an. Mehr und mehr zeichnet sich sein Talent ab – 1989 führt Markus bereits die Fletschhorn-Küche. Im Dezember 2003 realisiert sich für Markus Neff ein grosses Ziel: zusammen mit Charlie Neumüller und Maren Müller erwirbt er das Fletschhorn von Herrn und Frau Dütsch. 2006 wird Markus Neff Küchenchef des Waldhotels Fletschhorn in Saas Fee, vom GaultMillau zum «Koch des Jahres» ausgezeichnet und reiht sich damit in die prominente Reihe der Träger ein, die sich in besonderem Masse um die Gast- und Tafelkultur verdient gemacht haben.

Waldhotel Fletschhorn

Fast 100 Jahre ist es bereits her, dass auf der Sonnenterrasse des Fletschhorns Kaffee und Apfelkuchen serviert wurde. Das beweist die erste Eintragung im goldenen Gästebuch, datiert auf das Jahr 1908. Im Jahre 1976, fast 70 Jahre später, begannen Irma und Hans-Jörg Dütsch das Fletschhorn mit enormen Enthusiasmus, Fleiss und Ehrgeiz für Feinschmecker zu prägen. 1983 kam Markus Neff in das Team – Charlie Neumüller stiess im Jahre 1988 dazu. Als der GaultMillau 1994 Irma Dütsch mit dem Titel «Köchin des Jahres» ehrte, manifestierte sich das Waldhotel Fletschhorn als festes Element in der Schweizer Gastronomielandschaft.

www.fletschhorn.ch

Fine poularde en croûte de sel et mousseline de pommes de terre au thym
Poularde in der Salzkruste mit Thymian-Kartoffelpüree

Zutaten

1	Poularde ca. 1,6 kg, gewaschen, trockengetupft
1 Bund	Bergthymian frisch
2–3	Eiweiss
1½ kg	Meersalz grob, weiss, feucht (nicht getrocknet)
500 ml	Geflügelfond
	Thymian fein gehackt
etwas	Butter in Flocken

Thymian-Kartoffelpüree

500 g	Kartoffeln geschält
1	Thymianzweig
100 g	Butter in Flocken
100 ml	Rahm
	Muskatnuss, Salz und Pfeffer aus der Mühle
	Thymian fein gehackt
	Sommergemüse als Garnitur

Die Poularde mit etwas Bergthymian füllen und binden.
Das Eiweiss leicht schlagen (nicht steif), nach und nach jeweils eine Handvoll Salz dazugeben, bis die Masse die Konsistenz von feuchtem Sand hat. Den Boden einer feuerfesten Form mit der Salzmischung auslegen, die Poularde daraufsetzen, mit einigen Thymianzweiglein belegen und mit der restlichen Salzmischung bedecken und darin einpacken. Im Ofen bei 200 Grad 45 Minuten garen, dann herausnehmen und noch 15 Minuten ruhen lassen.
Den Geflügelfond mit etwas Thymian auf 200 ml einkochen, mit Butter binden.
Für das Kartoffelpüree die Kartoffeln mit dem Thymianzweig in Salzwasser weich garen, Thymianzweig entfernen; die Kartoffeln noch heiss fein pürieren (Passevite). Die Butter in Flocken darunterziehen.
Den Rahm mit Muskatnuss, Salz und Pfeffer würzen, erhitzen und mit dem fein gehackten Thymian unter das Kartoffelpüree rühren.
Zum Anrichten die Salzkruste am Boden rund um die Poularde einschneiden und den Deckel abheben. Jetzt kann man das Huhn den Gästen präsentieren.
Die Poularde herausnehmen, die Haut entfernen, die Keulen ausbeinen und jeweils in zwei Portionen schneiden, die Brust in feine Scheiben schneiden.
Das Kartoffelpüree mit dem Spritzsack auf die Teller verteilen, das Fleisch mit der Sauce dazu anrichten, mit Gemüse und Thymian garnieren.

Martin Pont

In seiner Heimat Isle of Wight im Süden Englands zum Flugzeugmechaniker ausgebildet, entdeckte er in fünf Sabbatjahren seine Passion zum Essen und Kochen und zog nach London um in Profi-Küchen wie dem «Lola's» unter Elisha Carter das Handwerk zu lernen.
2003 kam Martin nach Basel und arbeitete mit seinem Freund und Mentor Chris Jellie zusammen im Hotel «Balade». Nach einem Jahr in Barcelona im «El Foc» folgte er dem Ruf Chris Jellies nach Basel zurückzukehren, um erneut mit ihm zusammen zu arbeiten. Dieser übernahm damals die Führung der Küche im neuen Restaurant «Das Schiff». Danach ging es ins St. Johann ins Restaurant «Johann's» und 2007 übernahm Martin Pont den Gundeldingerhof.
Martin versteht es, die Grundlagen der französischen Küche mit internationalen Einflüssen und modernen Techniken in Einklang zu bringen.

Gundeldingerhof

Das Restaurant Gundeldingerhof, einst Quartierbeiz, nun ein in hellem Bistrostil gehaltenes Feinschmeckerlokal, liegt direkt hinter dem Bahnhof SBB und wird seit Oktober 2007 von Jsabelle Heudorf und Martin Pont geführt. Die Küche trägt somit Martin Ponts international beeinflusste Handschrift. Der freundliche Service und die auserlesenen Weine laden zum Verweilen und Geniessen ein.

www.gundeldingerhof.ch

Fotos: Alain Dejalle

Thunfisch in Sesamkruste mit japanischem Gurkensalat und Wasabi Mayonnaise

Zutaten für 4 Personen

Thunfisch
300 g sehr frischer Thunfisch
       schwarzen und weissen
       Sesam

Japanisches Dressing
100 ml Reisessig
2 cm   Ingwer
1 EL   gerösteten schwarzen und
        weissen Sesam
etwas   Zucker,
        Salz,
        Sesamöl und
        Toragashi (japanische
        Gewürzmischung)

Wasabi-Mayonnaise
1   Eigelb
1 Schuss Reisessig
1 Prise Salz und Zucker
100 ml   geschmacksneutrales Öl
         Wasabi aus der Tube

Thunfisch
Thunfisch durch den Sesam rollen.
In sehr heisser Pfanne jede Seite kurz (30 Sekunden) anbraten.
Gut abkühlen lassen, straff in Klarsichtfolie einrollen.

Japanisches Dressing
Ingwer fein reiben mit Mikroraffel und zum Reisessig geben.
Würzen mit Zucker, Salz, Sesamöl, Toragashi. Es soll süss, sauer, salzig und pikant sein.
Den Sesam dazu rühren.

Wasabi-Mayonnaise
Ei, Zucker und Salz mischen.
Langsam das Öl dazugeben.
Wasabi nach Belieben.

Zum Servieren
Mit dem Sparschäler die ausgehöhlten und geschälten Gurken in dünne, lange Streifen schneiden.
Einen Esslöffel Mayonnaise auf den Teller geben und langziehen.
Die im Dressing gerührten, abgetropften Gurken neben die Mayonnaise platzieren.
Den Thunfisch in dünne Tranchen schneiden, die Klarsichtfolie entfernen und die Tranchen auf den Gurkensalat legen.
Etwas Meersalz über den Thunfisch streuen und geniessen.

Alexander Quickert

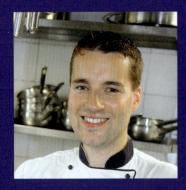

Seit März 2009 ist Alexander Quickert zusammen mit Martin Zschippang und Jean-Luc Jenny für die Küchenleitung unseres Hauses zuständig. Durch diese Konstellation wurde die vielfältige Arbeit des Küchenchefs auf drei ausgewiesene Fachkräfte verteilt und dies klappt hervorragend.

«Das Essen soll zuerst das Auge erfreuen und danach den Magen.»
Dieses Zitat ist für Herrn Quickert ein Leitfaden, mit dem er tagtäglich bei seiner Arbeit konfrontiert wird. Ein guter Küchenchef ist nicht nur dafür verantwortlich, dass das Essen auf dem Teller gut schmeckt, sondern es ist ausserordentlich wichtig, dieses geschmackvoll zu präsentieren. Bereits bei der Planung der neuen saisonalen Gerichte achte er darauf, dass eine Harmonie von Farben und Formen entsteht. Bei der Präsentation spielt das Geschirr eine sehr wichtige Rolle und deshalb haben wir eine grosse Palette davon.
Sternen-Spezial: Jeden Monat komponiert unsere Küche ein saisonales «Lucullus-Mahl», eine Menufolge von sieben Gerichten mit dem passenden Weinset dazu.

«Kein Genuss ist vorübergehend, denn der Eindruck, den er hinterlässt, ist bleibend.»

Gasthof zum Goldenen Sternen (seit 1412)

Lokale Gäste und solche aus aller Welt schätzen den besonderen Charakter des Hauses, seine historische Ambiance, in den Sommermonaten die Rheinterrasse «Piazza Stella», das à la carte Restaurant im Hofgarten und die Qualität der stets sorgfältig und frisch zubereiteten Gerichte.
Schon beim Betreten des Restaurants spürt man es: Hier ist der Gast aufs herzlichste Willkommen. Genussfreude und ein interessanter Mix aus traditionellen wie mediterranen Gerichten zu erschwinglichen Preisen bilden unsere Grundphilosophie.

Mit den historischen Räumlichkeiten ist das Haus bestens auf die verschiedensten Feierlichkeiten eingerichtet (10–100 Personen). Im historischen Sternensaal mit der barock bemalten Holzdecke aus dem 17. Jahrhundert fanden schon viele Hochzeiten statt und freuen tuts die Gastgeber besonders, wenn diese Familien später andere freudige Ereignisse im selben Rahmen bei uns feiern.

www.sternen-basel.ch

Beide Zitate sind von Johann Wolfgang Goethe

Teriyaki vom Rindsfilet mit knusprigen Sesamblättern und Gemüse

Zutaten für 2 Personen

400 g	Rindsfilet
1 Stk	Rote Paprikaschote
150 g	Zuckerschoten
100	Minimaiskölbchen
1 Stk	Karotte
12	Wan-Tan-Teigblätter
1	flüssiges Eiweiss
Je 1 EL	schwarzer und weisser Sesam zum Bestreuen
ca. 4 EL	Planzenöl zum Ausbacken
1 EL	Ingwer in Blütenhonig
	Kalahari-Salz
	Asiatischer Zitronen-Pfeffer
3–4 EL	Teriyakisauce (Asiashop)
50 g	Kalte Butter

Vorbereitung
Wan-Tan-Blätter mit etwas flüssigem Eiweiss bestreichen und mit Sesam bestreuen. Blätter in heissem Öl in einer Pfanne von beiden Seiten goldbraun und knusprig ausbacken. Anschliessend auf Küchenpapier abtropfen lassen.

Das Rindsfilet in 8 dünne Scheiben schneiden. Paprikaschoten halbieren, Kerngehäuse entfernen. Paprika in dünne Streifen schneiden. Kefen und Maiskolben halbieren. Karotte schälen und in dünne Scheiben schneiden.

Die Hälfte des Sesamöls in einer grossen Pfanne erhitzen. Gemüse hinein geben und darin anbraten. Honig untermischen und das Gemüse damit leicht karamellisieren. Mit Salz, Asiapfeffer würzen aus der Pfanne nehmen und warm stellen.

Restliches Öl in die Pfanne geben, die Rindsfiletscheiben darin auf jeder Seite kurz, der Garstufe entsprechend anbraten. Mit Teriyakisauce ablöschen. Pfanne vom Herd ziehen, Butter nach und nach unterschwenken.

Anrichten
Rindfleischscheiben, Gemüse, Wan-Tan-Blätter abwechslungsweise aufeinander als Türmchen in der Tellermitte anrichten. Restliche Teryakisauce aus der Pfanne um das Türmchen träufeln. Als Beilage passt sehr gut Basmatireis.

Stephan Rodenkirchen

Name	Stephan Rodenkirchen
Geburtsdatum	20. Juni 1977
Heimatort	Sempach, Rain / LU
Zivilstand	Verheiratet, 1 Tochter

Fachkompetenzen:
- Banketterfahrung
- Organisation und Kalkulation
- Klassische und gutbürgerliche Küche
- Asiatische Küche
- Vegetarische Küche

Was mir wichtig ist:
- Ein Unternehmen mit zufriedenen Mitarbeitenden und angenehmer Arbeitsatmosphäre
- Mit Ziel- und Leistungsqualitäten zum Erfolg des Hauses beitragen
- Offene und ehrliche Kommunikation mit Mitarbeitern.

Hiltl

Das Haus Hiltl ist ein Gasthaus im wahrsten Sinne, weil hier der Gast mit seinen wechselnden Bedürfnissen ernst genommen wird und weil hier der Gast als Gast gepflegt wird von Mitarbeitenden, die etwas von Gastgewerbe verstehen. Seit mehr als hundert Jahren vermittelt Hiltl Lebensfreude und stellt den Menschen – Mitarbeitende und Gäste – in den Mittelpunkt, über alle Altersgruppen hinweg. Mit dem neuen Haus Hiltl bleibt das älteste vegetarische Restaurant Europas auch das jüngste.

www.hiltl.ch

Safran-Nudeln mit grünen Spargeln und Cherry-Tomaten

Zutaten für 4 Personen

6	dünne, grüne Spargeln
100 g	Frühlingszwiebeln
15 g	Butter
2,5 dl	Gemüsebouillon
3,5 dl	Rahm
220 g	Mascarpone
½ TL	Safranpulver
1 TL	Meersalz
1 Prise	weisser Pfeffer, gemahlen
200 g	Cherry-Tomaten
500 g	Safran-Nudeln
	Safranfäden zum Garnieren

Die Spargeln frisch anschneiden, im unteren Drittel schälen. Die Spitzen abschneiden, längs halbieren, in kochendem Wasser 1 Minute blanchieren, in Eiswasser abschrecken und als Garnitur behalten. Die übrigen Spargeln schräg in Scheiben schneiden. Die Frühlingszwiebeln schräg in Ringe schneiden.
Die Butter erwärmen, Spargelscheiben und Frühlingszwiebeln dazugeben, 2–3 Minuten anziehen, mit der Bouillon und dem Rahm auffüllen.
Den Mascarpone zum Binden der Sauce beigeben, bis zur gewünschten Sämigkeit reduzieren. Safranpulver dazugeben, mit Salz und Pfeffer abschmecken. Die Cherry-Tomaten längs halbieren und in die Sauce geben.
Die Safran-Nudeln in Salzwasser al dente kochen, abgiessen und sofort mit der Sauce mischen. Anrichten, mit den Spargelspitzen und nach Wunsch mit Safranfäden garnieren.

Tipp
Im Winterhalbjahr den Spargel durch 1 cm breite, voneinander gelöste Fenchelschnitze ersetzen.

Rezeptquelle: «Hiltl. Vegetarisch. Die Welt zu Gast. Orell Füssli Verlag, Zürich 2009»

Heinz Rufibach

Foto: Marc Kronig

Jahrgang 1962, verheiratet und Vater eines Sohnes, Koch aus Leidenschaft und Küchenchef im Alpenhof Hotel mit dem Restaurant Le Gourmet in Zermatt.

Einige berufliche Stationen:
Palace Gstaad, Arosa Kulm Hotel, Castello del Sole, Schweizerhof & Eden Roc Ascona, Suvretta House St. Moritz, Mont Cervin & Zermatterhof in Zermatt.

Mit seinem Küchenteam pflegt er eine moderne, kreative, ehrliche, marktorientierte Küche.
Alp Mediterran nennt er seinen Kochstil.

Alpenhof Hotel Zermatt

Der Alpenhof von Annelise und Hans Peter Julen verfügt über 60 luxuriöse Zimmer und Suiten mit 120 Betten. Im 1. Stock befindet sich der 1500 m² grosse Mountain Spa Vanessa mit einem Whirlpool unter freiem Himmel.
Die Restauration beinhaltet die Piano-Bar, die Zino Platinum Cigar Lounge, das Hotelrestaurant und das À-la-carte-Restaurant Le Gourmet, das im GaultMillau mit 15 Punkten/2 Toques und im Guide-bleu 90/27 mit dem Palmarès von 89/26 ausgezeichnet ist.

www.alpenhofhotel.com

Sauerkraut-Risotto, Green Tiger Gambas 9/12 mit Lardo di Colonnata

Foto: Marcus Gyger

Zutaten für 10 Personen

Risotto
25 g	Rapsöl
5 g	Knoblauch, blanchiert
10 g	Schalotten, blanchiert
400 g	Acquerello Risotto
2 dl	Weisswein
8 dl	Geflügelfond
30 g	Parmesan, gerieben
20 g	Butter
	Salz und Pfeffer
250 g	fertiges Sauerkraut, fein gehackt
1 dl	Rahm

Gambas 9/12
20 Stk	Green Tiger Gambas 9/12, 6/8 geschält
20 Stk	Scheiben Lardo di Colonnata
40 g	Olivenöl

Garnitur
	frittiertes Sauerkraut

Risotto
Knoblauch, Schalotten, Acquerello Risotto in Rapsöl kurz ansautieren und würzen. Mit Weisswein ablöschen und einreduzieren. Nach und nach den Geflügelfond beigeben, sodass der Reis immer knapp mit Flüssigkeit bedeckt ist. Unter häufigem Rühren zirka 20 Minuten sieden. Parmesan und Butter beigeben und abschmecken. Sauerkraut mit Rahm vermischen, warm machen und am Schluss mit dem Risotto vermischen.

Gambas 9/12
Gambasschwanz auf je eine Lardo-di-Colonnata-Scheibe legen und einrollen. In Olivenöl sautieren.

Anrichten
Sauerkraut-Risotto in tiefe Teller verteilen. Die Gambasschwänze auf den Risotto legen und mit dem frittierten Sauerkraut garnieren.

Dominique Sallin

Dominique Sallin, aufgewachsen in Allschwil BL, begann seine berufliche Laufbahn mit der Kochlehre im Hotel Europe in Basel, im Gourmetrestaurant «Les Quatre Saisons». Anschliessend kochte er in verschiedenen renommierten GaulltMillau-Betrieben in der Zentralschweiz und sammelte weitere Erfahrungen unter anderem im «Astoria» und «The Hotel», Luzern. Nach einem kurzen Abstecher nach Zürich zog es ihn in die Engadiner Bergwelt, wo er mehrere Jahre als Executive Chef in den verschiedenen Restaurants des Hotels «Misani» am Herd stand. Im Jahre 2007 konnte er seine Fähigkeiten im fernen Thailand einbringen, wo er in internationalen Hotels die Küchen leitete.

Seit Ende 2008 ist er nun zurück in der Zentralschweiz. Mit einem kleinen Team zelebriert er eine spannende, leichte und würzig-saisonale Marktküche im historischen «Hotel Hofgarten», Luzern. Nebst der feinen Küche schätzt er den Ausgleich mit seiner Familie in der Natur, beim Wandern und beim Reisen.

Restaurant Hofgarten

Was auf den Tellern angerichtet wird, was in den Pfannen brutzelt, was in den Töpfen dampft, das ist das Frischeste, was der Luzerner Markt hergibt und die Gemüsehändler und Käser und Metzger aus der Region bringen.
Unser Küchenchef verwendet die besten Produkte mit dem schönsten Geschmack, ohne sich von Grenzen einengen zu lassen. Immer eine Geschmacksnuance mehr. Geniessen Sie dabei auch das einzigartige Ambiente des Hofgartens.

www.rebstock-luzern.ch

Spaghetti «La Planüra»

Aubergine rundherum mit Gabel einstechen, mit Olivenöl und Meersalz einreiben und im Ofen bei 180 °C ca. 1 Stunde weich garen.
Kurz auskühlen lassen, halbieren, Fruchtfleisch mit Löffel auskratzen und in einer Schüssel mit Gabel grob zerdrücken.

Spaghetti in gesalzenem Wasser al dente abkochen. Beim Abschütten der Spaghetti ca. 1 dl Kochwasser beiseite stellen.

Knoblauchzehe in Olivenöl andünsten, zerdrücktes Auberginenfleisch, Cherrytomaten, getrocknete Tomaten und Thymian dazugeben und kurz mitdünsten. Abschmecken mit Salz, Pfeffer und Zucker.
Zum Schluss Tomatensauce und etwas Kochwasser von den Spaghetti dazugeben.
Alles mischen mit den nur kurz abgetropften Spaghetti.

Nun die Pasta abwechslungsweise mit dem «gezupften» Büffelmozzarella, Rohschinken und frischem Basilikum schichtweise in vorgewärmten Tellern anrichten.
Zum Schluss geriebener Parmesan und Olivenöl darüber geben.

Dazu passt ein knuspriges Ciabattabrot und grüner Salat der Saison.

Zutaten für 2 Personen

1 Stk	Mittelgrosse Aubergine Olivenöl, grobes Meersalz
1 Stk	Knoblauchzehe, in Scheiben geschnitten
4 EL	Olivenöl
4 EL	Tomatensauce
10 Stk	Cherrytomaten, halbiert
100 g	Getrocknete Tomaten, abgetropft und in Streifen geschnitten
3 Zweige	frischer Thymian Salz, Pfeffer, Zucker
200 g	Spaghetti Barilla N°5
125 g	Büffelmozzarella, von Hand gezupft
60 g	Bündner Rohschinken, fein aufgeschnitten
½ Bund	frischer Basilikum, gezupft geriebener Parmesan, Olivenöl

Jasmin Schlatter und David Lütold

Täglich sind wir hier im Kohlmanns für sämtliche gastronomischen Belange zuständig. Hauptgänge, Vorspeisen, Salate, Desserts – jedes Produkt wird von uns selber hergestellt, mit viel Liebe zum Detail. Bei unseren wechselnden Menüs kommen Vegetarier speziell zum Zug: Pilz-Nudelauflauf und Nudeln mit Gemüse sind nur zwei Beispiele aus unserer Palette an Spezialmenüs.

Haben Sie Lob, Anregungen oder Kritik, dann melden Sie sich bei unserem Servicepersonal. Ihre Rückmeldung ist uns wichtig. Wir freuen uns schon jetzt auf Ihren nächsten Besuch bei uns im KOHLMANNS – essen und trinken!

Freundliche Grüsse
Jasmin Schlatter und David Lütold

KOHLMANNS – essen und trinken

KOHLMANNS – essen und trinken am Barfüsserplatz wurde im vergangenen Jahr eröffnet und zählt unterdessen zu den feinsten Adressen in der Basler Innerstadt. Alle Speisen, welche die Hauptküche und die Feuerküche des Kohlmanns verlassen, werden mit viel Liebe zum Detail zubereitet. Bei Kohlmanns gibt es täglich wechselnde Mittagsmenüs, ergänzt mit einem grossen À-la-carte-Angebot. Die Gäste haben zudem die Möglichkeit, aus den saisonalen Angeboten auszuwählen. Selbstverständlich gibt es eine schöne Auswahl an vegetarischen Speisen. Berühmt ist das Lokal für seine verschiedenen Weckgläser, welche in diversen Kombinationen als Ideen vor dem Hauptgang gereicht werden. Bei Kohlmanns kann man in einem gediegenen Ambiente tafeln – sowohl zum Geschäftsessen über Mittag als auch abends beim romantischen Tête-à-Tête oder in geselliger Runde. Tischreservationen sind empfehlenswert.

www.kohlmanns.ch

Im Ofen überbackener Nudelauflauf mit Waldpilzen und Spinat

Zutaten für 4 Personen

	Lasagneblätter
20 g	1. Butter
	Salz, Pfeffer und Muskatnuss
300 g	Pilzcassolette (Pilze kleingehackt mit Crème fraîche)
300 g	Spinat
100 g	Frische Waldpilze
100 g	Schnittlauch
40 g	2. Butter
40 g	Mehl
40 g	Milch
250 g	geriebener Käse (Parmesan)

Béchamelsauce
Die Butter (2) in einer Kasserolle zerlassen.
Das Mehl unter Rühren hinzufügen und so lange darin erhitzen, bis das Mehl goldgelb ist.
Die Kasserolle vom Herd nehmen. Mit einem Schneebesen die Milch unterrühren.
Aufkochen und 10 Minuten köcheln lassen.
Béchamelsauce mit Salz, Pfeffer und Muskat abschmecken.

Nudelauflauf
Die Gratinform mit der Butter (1) ausstreichen.
Danach denn Boden mit Lasagneblätter auslegen.
Darauf verteilen Sie nun 100 g Pilzcassolette, danach 100 g Spinat, diesen Ablauf wiederholen, bis die Masse komplett verteilt ist.
Am Schluss die Béchamelsauce auf der obersten Schicht verteilen und mit der Käsemischung bestreuen. Im vorgeheizten Backofen bei 160 Grad 23 Minuten backen.

Vor dem Servieren die frischen Waldpilze kurz in Olivenöl anziehen, mit Salz und Pfeffer abschmecken und auf die Nudelauflauf-Portion verteilen. Mit Schnittlauch garnieren und anfangen zu geniessen.

Das ganze «KOHLMANNS – essen und trinken»-Team wünscht Ihnen guten Appetit!

Roland Schmid

In einzigartiger Weise bietet das exklusive Ensemble aus dem Fünf-Sterne-Grand-Hotel Quellenhof & Spa Suites und dem ebenfalls Fünf-Sterne-Grand-Hotel Hof Ragaz alles unter einem Dach: Spitzenhotellerie mit 289 stilvollen Zimmern und Suiten kombiniert mit Wellbeing und Medizin auf höchstem Niveau sowie Gourmet- und Golfgenuss.

In einem der acht Restaurants, im Gourmetrestaurant Äbtestube (17 Gault-Millau-Punkte), schwingt mit Roland Schmid ein Könner par excellence den Kochlöffel und verwöhnt anspruchsvolle Gaumen. Besinnung auf Ursprüngliches, unverfälschte Ausgangsprodukte und souveränes Kombinieren sind Roland Schmid wichtig. Konsequenterweise berücksichtigt er bei seiner marktfrischen, europäisch ausgerichteten Küche und für sein Menu gastronomique wenn immer möglich regionale Produkte und verwendet ausschliesslich SwissPrim-Fleisch aus artgerechter Haltung.
Im guide-bleu 2010 wurde die Äbtestube mit 93 von 100 Punkten, davon 26 von maximal 28 Punkten für die Küche ausgezeichnet. Dies ergibt eine Triple-A-Auszeichnung, die schweizweit nur fünf Restaurants erhalten haben.

Grand Resort Bad Ragaz

Dunkles Holz, kombiniert mit historischen Gemälden. Lichtgedämpfte Eleganz unter hohen Kreuzgewölben. Das Gourmetrestaurant Äbtestube im denkmalgeschützten Teil des Grand Hotels Hof Ragaz zählt zu den ältesten Restaurants des Landes. Und zu den besten.
Geöffnet: abends von Dienstag bis Samstag, Sonntag/Montag geschlossen.

Roland Schmid wurde vom «Der Grosse Restaurant & Hotel Guide» des Bertelsmann Verlags zum Koch des Jahres 2011 Schweiz ausgezeichnet.

www.resortragaz.ch

Roland Schmid's gebratenes Rotbarbenfilet auf Rheintaler Ribel an Brennnessel-Cremesauce mit sautierten Eierschwämmli

Ribel
Bouillon gut gewürzt mit der Butter aufkochen, Ribelmaisgriess langsam dazugeben, gut verrühren und ca. 70 Minuten zugedeckt auf kleinem Feuer ziehen lassen. Den Parmesan und Rahm hinzufügen und gut durchrühren. Alles in eine gebutterte Form geben und erkalten lassen. In kleine Würfel schneiden und bei Gebrauch in einer Bratpfanne in Fettstoff goldbraun braten.

Gebratenes Rotbarbenfilet an Brennnessel-Cremesauce mit sautierten Eierschwämmli
Rotbarbenfilets würzen und bei Gebrauch in Fettstoff kurz braten.
Weisswein und gehackte Schalotte aufkochen und um die Hälfte reduzieren. Fisch- und Geflügelfond hinzufügen, etwas einkochen. Den Rahm hinzufügen und zur gewünschten Konsistenz einkochen. Mit Salz, Pfeffer und Noilly Prat würzen, die Brennnesseln im letzten Moment hinzufügen und kurz mixen.
Die vorbereiteten Eierschwämmli in Butter andünsten, mit Salz und Pfeffer würzen.
Für das Karottengemüse die Babykarotten mit etwas Grün bissfest blanchieren, halbieren in Butter kurz dünsten, mit Salz und Pfeffer würzen.

Anrichten
Karotten auf einem Teller im Karree auslegen. Etwas Ribel in die Mitte geben und mit Brennnessel-Cremesauce angiessen. Ein Rotbarbenfilet darauflegen und mit einem frittierten Brennnesselblatt und Eierschwämmli garnieren.

Tipp
Es kann auch ein anderes Fischfilet verwendet werden. Der Ribel kann sehr gut am Vortag vorbereitet werden. Anstelle von Brennnesseln kann man auch ein anderes Kraut wie zum Beispiel Kerbel, Petersilie, Schnittlauch usw. verwenden.

Zutaten für 4 Personen

Ribel

5 dl	Bouillon
20 g	Butter
	Salz und Pfeffer
15 g	Parmesan gerieben
1 dl	Rahm
200 g	Ribel (weisser Maisgriess ist «die Spezialität» aus dem Sankt Galler Rheintal)
10 g	Erdnussöl
10 g	Butter

Gebratenes Rotbarbenfilet an Brennnessel-Cremesauce mit sautierten Eierschwämmli

4 oder 8	Rotbarbenfilets, geschuppt und entgrätet
	Salz und Pfeffer
10 g	Erdnussöl
½	Schalotte gehackt
½ dl	Weisswein
½ dl	Fischfond oder eventuell helle Bouillon
½ dl	Geflügelfond oder eventuell helle Bouillon
1 dl	Rahm
5 g	Noilly Prat oder weisser Martini
20	junge Brennnesselblätter, mit Handschuhen gezupft, gewaschen und in Salzwasser kurz blanchiert, in Eiswasser abgekühlt, gut ausgedrückt.
50 g	Eierschwämmli, geputzt und gewaschen
8 Stk	Babykarotten oder sonstiges Karottengemüse
10 g	Butter

Michael Weber

Der 28-jährige Koch Michael Weber absolvierte seine Lehre im «Parkhotel» in Zug, profitierte dann viel von seinem einjährigen Abstecher zu Spitzenkoch Siegfried Rossal im «Pöschtli», Magden, und den zwei Jahren als Küchenchef im «Rathaus» Pfäffikon/SZ (13 GaultMillau-Punkte). Es folgten 1 ½ Jahre im «National» in Winterthur. Während einer Sommersaison im «Hotel Meisser» in Guarda befasste er sich eingehend mit den Kräutern. Nächste Station war das «Chesa Rosatsch» in Celerina (3 Jahre, ebenfalls 13 GaultMillau-Punkte), ehe er mit seiner Partnerin im Herbst 2006 das «Schmale Handtuch» übernahm.

Die gebürtige Winterthurerin Fabienne Ziroli machte ihre Lehre als Köchin im «Hotel Unterstrass» in Zürich und besuchte anschliessend die Hotelfachschule Belvoirpark in Zürich. Ihren Lebenspartner lernte die 30-jährige Gastronomin im «National» kennen, wo sie ein Jahr arbeitete, bevor sie mit ihrem Partner ins Engadin zog. Zwei Jahre war sie dann Chef de Service im «Hotel Misani» in Celerina, wo sie viele Erfahrungen sammeln konnte.

Restaurant Concordia

Das Restaurant Concordia in Winterthur-Veltheim lädt ein zum Gaumen- und Augenschmaus.
Gönnen Sie sich einen kulinarischen Abstecher und lassen Sie sich verwöhnen.
Die mediterran, regionale Küche überzeugt mit immer wieder neuen Gerichten und Kreationen.
Unsere Speisekarte enthält ein Menu Surprise mit 3, 4 oder 5 Gängen, lassen Sie sich davon überraschen, begleitet von Top-Weinen und Ambiente gestalten wir Ihnen einige wunderschöne Abende.

Fabienne Ziroli und Michael Weber

www.restaurant-concordia.ch

Im Ofen geschmortes Kalbsbäckchen mit Kartoffel-Trüffelpüree und Gemüse

Zutaten für 6 Personen

Kalbsbäckchen

6	Kalbsbsbäckchen à ca. 250 g (beim Metzger vorbestellen)
	Salz
6 EL	Erdnussöl
60 g	Gemüse (Sellerie, Lauch, Karotten)
50 g	rote Zwiebeln, geschnitten
3	Knoblauchzehen
1–2 EL	Tomatenmark
2 l	brauner Kalbsfond, schwach gewürzt (oder Fleischbrühe)
750 ml	Rotwein in guter Qualität
	Thymian, Rosmarin
1	Lorbeerblatt

Kartoffel-Trüffelpüree

6 EL	süsse Sahne
400 g	Kartoffeln, passiert
1 EL	Trüffelbutter
	Salz, Pfeffer

Kalbsbäckchen

Die Kalbsbäckchen von Fett, Sehnen und Haut befreien. Die Abschnitte für die Sauce aufbewahren. Die Bäckchen mit Salz würzen, in einer Pfanne in heissem Öl von beiden Seiten gut anbraten und herausnehmen.
Anschliessend die Abschnitte in der Bratpfanne gut anbraten, Gemüse, Zwiebeln, Knoblauch und Tomatenmark beigeben. Das Ganze noch etwas anbraten, dann mit wenig Wasser ablöschen und reduzieren. Mit dem Kalbsfond und Wein auffüllen. Nochmals etwas köcheln lassen und nun Thymian, Rosmarin und das Lorbeerblatt beigeben.
Danach die angebratenen Kalbsbäckchen in einen Kochtopf geben und mit der heissen Sauce auffüllen. Den abgedeckten Topf in den vorgewärmten Ofen bei 80 °C nach der Niedergarmethode 7 Stunden langsam schmoren lassen. Von Zeit zu Zeit kontrollieren (je nach Fleischqualität). Die weich geschmorten Kalbsbäckchen aus der Sauce nehmen und warm stellen.
Die Sauce reduzieren, köcheln lassen und durch ein Haarsieb passieren.

Kartoffel-Trüffelpüree

Für das Püree die Sahne in einer Pfanne aufkochen. Die passierten Kartoffeln beigeben, verrühren, mit Trüffelbutter, Salz und Pfeffer würzen.
Die Kalbsbäckchen auf dem Teller anrichten und die Sauce darübergeben. Mit dem Kartoffelpüree und Gemüse garnieren.

Desserts

Armin Amrein

Armin Amrein, geboren 5.10.1955 in Luzern, hat sich als begnadeter Koch durch seine vielseitigen Tätigkeiten in der Branche einen ehrenhaften Namen verschaffen. Er ist mit Corina verheiratet und hat zwei Töchter.
Der aus dem Fernsehen bekannte Spitzenkoch wurde bereits im Restaurant «Le Club» des 5-Sterne-Resorts Bürgenstock mit 17 GaultMillau-Punkten ausgezeichnet. Seit 2007 schreibt er seine Erfolgsgeschichte im Relais und Châteaux-Hotel Walserhof in Klosters weiter. Hier verwöhnt der Kikkoman-Botschafter die Gäste mit einer kreativen und regional geprägten Küche, die zu Recht mit 17 GaultMillau-Punkten und einem Michelin-Stern glänzt.

Walserhof

Im Boutique-Hotel Walserhof empfängt Sie die Atmosphäre echten Bündner Lebens. Ein Ambiente, das unserem Haus Freunde in aller Welt eingetragen hat. Lassen auch Sie sich kulinarisch im Rhythmus der Jahreszeiten verwöhnen. Geniessen Sie Ruhe, erleben Sie Entspannung, verabschieden Sie sich vom Alltag, zumindest für ein paar Tage.

www.walserhof.ch

Gebackene Pfirsichröllchen mit Kikkoman-Honig-Dip und Zitronengraseis

Füllung
Pfirsiche (nicht zu weich) in Würfel schneiden (1 x 1 cm). Gelierzucker, Zitronensaft und Butter zusammen leicht einreduzieren (kein Karamell). Die Pfirsichwürfel beigeben und kurz mitrösten, kalt stellen.
Wie Frühlingsröllchen einpacken.

Dip
Den Orangensaft auf ⅓ einkochen lassen, Honig und Gelierzucker beigeben. Butter einrühren und kurz durchköcheln. Zum Schluss mit Kikkoman-Sojasauce verfeinern.

Pfirsichragoût
Pfirsiche in Würfel schneiden (1,5 x 1,5 cm). Gelierzucker und Zitronensaft erhitzen und die Pfirsichwürfel darin kurz mitkochen. ¼ davon gut mixen und durch ein feines Sieb passieren. Mit den restlichen Pfirsichwürfeln mischen und kühl stellen.

Zitronengraseis
Milch mit Rahm und der ausgekratzten Vanilleschote aufkochen, fein geschnittenes Zitronengras beigeben (am besten über Nacht abgedeckt kühl stellen). Mindestens 2 Stunden oder die Menge vom Zitronengras erhöhen. Danach durch ein feines Sieb passieren und die Flüssigkeit mit Rahm auf 4 dl auffüllen. Nochmals erhitzen. Mit der Eigelb-Zuckermischung verrühren und zur Rose (85 °C) abziehen. In eine gekühlte Schüssel passieren und nochmals kurz mixen, frieren.

Zutaten für 4 Personen

Pfirsichröllchen
2 Blätter	Frühlingsrollenteig (je in 4 Quadrate schneiden)
	Eiweiss zum Einstreichen

Füllung
3–4	Pfirsiche
50 g	Gelierzucker
¼ Stk	Zitrone (Saft)
20 g	Butter

Dip
1,5 dl	Orangensaft
20 g	Honig
15 g	Gelierzucker
20 g	Butter
ca. 1 TL	Kikkoman-Sojasauce

Pfirsichragoût
3	Pfirsiche
50 g	Gelierzucker
½ Stk	Zitrone (Saft)

Zitronengraseis
2 dl	Milch
2 dl	Rahm
80 g	Zucker
80 g	Eigelb
½ Stk	Vanilleschote
ca. 3 Stangen	Zitronengras

Käthi Fässler

Nach 12 Jahren unermüdlichem und konsequentem Einsatz als Küchenchefin im Hof Weissbad wurde Käthi Fässler im renommierten Gastronomie-Führer GaultMillau zur Köchin des Jahres 2009 gekürt und neu mit 16 Punkten bewertet.
Sie führt die Geschicke der Küche seit 1996 – mit einer Brigade von 30 Mitarbeitenden. Sie hat mit dieser Küchen-Qualität massgebend dazu beigetragen, dass das Hotel Hof Weissbad heute mit über 98% Zimmerauslastung zu den wirtschaftlich besten und auch bekanntesten Hotels der Schweiz gehört.

Restaurant Hof Weissbad

Das Gesundheits- und Ferienhotel Hof Weissbad ruht am Fusse des Alpsteingebirges und knüpft an die jahrhundertelange Tradition des Appenzellerlandes als Aufenthaltsort im Dienste der Gesundheit an. Neben einer vielfältigen Infrastruktur und einem umfangreichen Angebot rund um Gesundheit erwarten Sie herzliche Menschen, die Ihnen jeden Wunsch von den Augen ablesen.

www.hofweissbad.ch

Biberflade-Schoggi-Auflauf

Zutaten für 4 Personen

4 Stk	kleine ofenfeste Souffléförmchen
100 g	Biberflade in Würfelchen geschnitten
80 g	Milch
50 g	dunkle Schokolade gehackt
20 g	Butter
25 g	Eigelb
10 g	Zucker
40 g	Eiweiss
1 Prise	Zucker

Die Milch aufkochen und über die Biberfladenwürfelchen giessen.
Die Schokolade im Wasserbad schmelzen.
Butter, Eigelb und Zucker schaumig rühren.
Eiweiss und die Prise Zucker zu Schnee schlagen.
Die schaumige Eimasse mit dem Biberfladen vermischen und sofort die geschmolzene Schokolade dazurühren.
Zum Schluss den Eischnee darunterheben und ca. ⅔ voll in die Förmchen abfüllen

Bei 180 °C ca. 10–15 Minuten backen, stürzen und noch warm servieren.

Rolf Grob

Die Tendenz zum Süden zeigt sich bei Rolf Grobs Küche unmissverständlich auf dem Teller. Während seiner vielen Stationen an der Côte d'Azur lernte er meisterlich mit Fisch und Meeresfrüchten, Olivenöl und Kräutern umzugehen, die noch heute seine moderne Kreativküche prägen. Grob spricht gern von «Visionen einer Leidenschaft» und «Kompromisslosigkeit», letzteres übt er übrigens auch in seinem Hobby, dem Triathlon aus. «Wer besser sein will als andere, muss mehr leisten», ist sein Lebensmotto, das ihm u.a. einen Stern brachte und ihn auch sonst dazu verleitet, mit schönster Regelmässigkeit für kulinarische Überraschungen zu sorgen. Bei aller Liebe zum Mediterranen steht Grob mit beiden Füssen in der Region: Fleisch und Gemüse kommen von Bauern und Erzeugern aus der Nachbarschaft, die Inspiration aus der weiten Welt.

Rössli Lindau

Atelier Artisanale de Cuisine

– Gourmet-Restaurant
– Küchen-Schau-Theater
– Fumoir-Lounge & Wein-Boutique
– Sommer-Terrasse
– Dorf-Bistro

Nach 8-monatigem Umbau wird das Rössli Lindau im Dezember 2010 neu eröffnet.

www.roessli-lindau.com

Pralinen-Parfait mit Weichselkirschen an Amarettobutter

Zutaten

Amarettobutter
125 g	Zitronensäure
50 g	Butter
1–2 TL	Amaretto, nach Gutdünken

Zitronensauce
2,5 dl	Zitronensaft
300 g	Zucker
12 g	Pektrin

Parfait
3	Eigelb
3	Eiweiss
75 g	Zucker
200 g	Giandujaschokolade
300 g	Schlagrahm
1 cl	Grand Marnier
4 EL	entsteinte Weichselkirschen mit etwas Kirsch und Puderzucker mariniert Löffelbiskuits (gekauft oder selbstgemacht)

Amarettobutter
Zitronensäure wärmen und Butter dazurühren, mit Amaretto abschmecken.

Zitronensauce
Alles aufkochen und erkalten lassen.

Parfait
Eigelb mit Zucker auf dem Wasserbad warm schaumig schlagen und in der Küchenmaschine kalt schlagen, warme Gianduja flüssig mit Grand Marnier mischen und unter die Eimasse geben
Schlagrahm darunter ziehen
Geschlagenes Eiweiss darunter ziehen
In Ringe abfüllen (z. B. rund) und tiefkühlen
Das Parfait aus der Form nehmen und anrichten
Die Amarettobutter rund herum verteilen und mit den Weichselkirschen dekorieren
Schokoladendekor, Weichselkirsche mit Stiel und Pfefferminz

Peter Rüfenacht

Peter Rüfenacht ist 1974 in Liestal geboren und in Muttenz aufgewachsen. Seit 2005 ist er mit Caroline verheiratet. Mit dem gemeinsamen Sohn Janis leben sie in Riehen. Schon als Jugendlicher schaute er der Mutter über die Schulter, half ihr beim Gemüserüsten und Kochen. Er wollte die Kochkunst von der Pike auf lernen und bekam im Hotel Engel in Pratteln dazu die Chance. Seine Rekrutenzeit verbrachte er selbstverständlich in der Küche der Kaserne. Danach ging er ins Hotel Europe zu GaultMillau-Koch Peter Moser nach Basel. Um auch andere Regionen kennen zu lernen, nahm er Saisonstellen im Laaxerhof in Laax sowie im Parkhotel Bellevue im Berner Oberland an. Nachdem er das Wirtepatent erworben und eine Betriebswirtschaftsschule absolviert hatte, übernahm er mit einem Kollegen ein Tennis-Restaurant in Allschwil. Seit dem Jahr 2000 verwöhnt und überrascht er als Betriebsleiter und Küchenchef seine Gäste im Restaurant Falken in Liestal. Wie kann es anders sein, als dass der Baselbieter Peter Rüfenacht mit starkem Bezug zu seiner Heimat Kochbücher über die «Baselbieter Chuchi» erstellt?! Inzwischen sind drei Kochbücher erschienen sowie ein Kinderkochbuch. Sein Motto lautet: «Kochen soll Spass machen und Genuss sein.»

Restaurant Falken

Das traditionsreiche Restaurant Falken verwöhnt seine Gäste von Montag bis Freitag mit frischen, abwechslungsreichen Menüs, knackigen Salaten und köstlichen Dessertvariationen. Es wird eine alkohol- und rauchfreie Gastlichkeit gepflegt. Abends und an den Wochenenden verwöhnt das Team seine Gäste an Caterings, Hochzeitsapéros und in geschlossenen Gesellschaften im «Falken».

www.restaurant-falken.ch

Leicht gebrannte Creme mit Kafirlimettenblätter

Zutaten

8 dl	Vollmilch
5 Stk	Kafirlimettenblätter
1 dl	Wasser
30 g	Maizena
150 g	Zucker
2	frische Eier
3 dl	Vollrahm

Die Kafirlimettenblätter unter kaltem Wasser waschen, danach grob hacken und 30 Minuten in die Milch einlegen. Die Eier mit 50 g Zucker in einer grossen Schüssel schaumig rühren. Den restlichen Zucker in einer Pfanne auf mittlerer Hitze hellbraun rösten und sofort mit dem Wasser ablöschen um den Röstvorgang zu stoppen. Danach die Milch mit den Kafirlimettenblätter zugeben und langsam aufkochen. Das Maizena mit wenig kaltem Wasser anrühren und zur kochenden Milch geben. 2 Minuten auf kleiner Hitze kochen lassen und unter ständigem Rühren zur Zucker-Eimasse geben. Durch ein Sieb passieren und einige Stunden kühl stellen. Kurz vor dem Servieren den Rahm halbsteif schlagen und mit der gebrannten Creme mischen. Dazu einen feingeschnittenen Fruchtsalat aus frischen exotischen Früchten servieren und kleine, in Honig marinierte Ananas- und Thaimangowürfel.

Michel Sutter

Michel Sutters Liebe zu den süssen Seiten des Lebens begann bereits mit jungen 16 Jahren, als er in Frankreich seine Ausbildung zum Konditor in der regional bekannten Konditorei Schuler in Sirentz begann und erfolgreich abschloss.
Nach einigen Jahren Erfahrung in diversen Bäckereien und Konditoreien lernte er den heutigen Küchenchef des Gasthofs zum Ochsen, Ralph Schafferer, kennen. Er ebnete Michel Sutter den Weg in die Gastronomie. Als Chefpatissier regiert er nun schon seit über 15 Jahren im Hotel Gasthof zum Ochsen. «Hier kann ich mich nach Lust und Laune austoben und meine eigenen Kreationen und Ideen verwirklichen», schwärmt er genüsslich. «Einem wundervollen Essen mit einem süssen Abschluss die Krone aufzusetzen, ist eine schöne Aufgabe». Egal ob warme oder kalte Desserts, exotische wie heimische Früchte, Parfaits, Mousse, filigrane Torten, Zuckerbäckerei oder selbstgemachte Schokoladensaucen – nichts wird ausgelassen und inspiriert immer wieder zu neuen Kombinationen. Vom kleinen, feinen Friandises zum Kaffee bis zum ausladenden Dessertbuffet, alles ist selbstgemacht und die hohe Qualität der Produkte und Zutaten liegen Michel Sutter besonders am Herzen.

Gasthof zum Ochsen

Viel Sorgfalt verwendet Küchenchef Ralph Schafferer und sein Team bei der Auswahl der Produkte. Sie müssen frisch sein und soweit wie möglich aus der Region kommen. «Bei uns wird noch gekocht und nicht aufgewärmt!»
Selbstverständlich werden auch beim Fleisch keine Kompromisse gemacht. Nur bestes Fleisch in Jenzer-Natura-Qualität kommt im Gasthof zum Ochsen in die Pfanne. Einer unserer beliebtesten Klassiker ist das Tatar vom regionalen Rind, welches frisch mit verschiedenen Gewürzen und Kräutern nach Geschmack am Tisch zubereitet wird. Aber auch der im würzigen Gemüsesud pochierte Kalbskopf mit hausgemachter Vinaigrette und marktfrischem Wurzelgemüse ist nicht mehr von unserer Karte wegzudenken.
Glanzvoller Abschluss eines genussvollen Essens im Ochsen ist mit Sicherheit eine der wunderbaren Dessertkreationen des Chefpatissiers Michel Sutter.

www.ochsen.ch

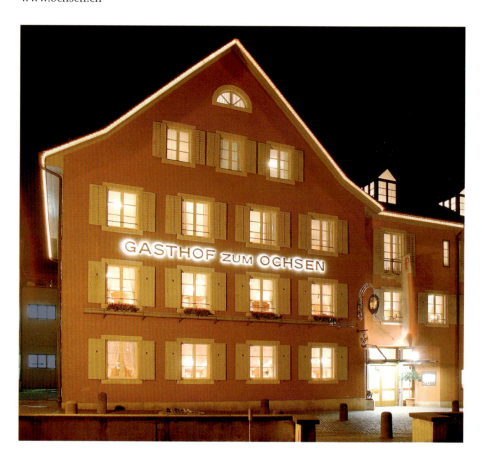

Heidelbeer-Quarkschaum mit Kaiserschmarrn, Heidelbeerkompott und Joghurteis

Zutaten für 10 Personen

Heidelbeer-Quarkschaum
85 g	Zucker
210 g	Rahmquark
	Mark einer halben Vanillestange
330 g	Heidelbeermark
3 Blatt	Gelatine
320 g	Vollrahm

Zutaten Kaiserschmarrn
4	Eiweiss
4	Eigelb
30 g	Zucker
120 g	Mehl
250 ml	Milch
30 g	Rosinen
7 g	Vanillezucker
1 EL	Rum
1 Prise	Salz
100 g	Butter zum Backen

Heidelbeer-Quarkschaum
Die Gelatine in kaltem Wasser einweichen und quellen lassen. Den Vollrahm steif schlagen und kalt stellen.
Zucker, Quark und das Vanillemark gut verrühren. Die Gelatine ausdrücken und im Wasserbad auflösen. Das Heidelbeermark zu der Quarkmasse geben und die Gelatine dazurühren.
Zum Schluss den geschlagenen Rahm vorsichtig unterheben und die Masse «melieren». Den Heidelbeer-Quarkschaum in kleine Töpfchen oder Gläser abfüllen und kalt stellen.

Zutaten Kaiserschmarrn
Die Rosinen einige Stunden im Rum marinieren.
Milch, Eigelb, Vanillezucker und Mehl glatt rühren. Das Eiweiss, den Zucker und das Salz zu festem Schnee schlagen.
Beide Massen zusammenrühren. Butter in einer flachen Pfanne erhitzen und etwas Teigmasse in die Pfanne laufen lassen. Mit Rosinen bestreuen, anbacken, wenden, nochmals kurz backen und im 180–200 °C vorgeheizten Ofen kurz fertig backen. Der Kaiserschmarrn darf keinen flüssigen Kern mehr haben, sollte aber auch nicht zu trocken gebacken werden.
Mit 2 Gabeln in kleine Stücke reissen und mit Puderzucker bestreuen.

Den Heidelbeer-Quarkschaum und den Kaiserschmarrn zusammen mit dem Heidelbeerkompott und dem Joghurteis wie auf dem Foto abgebildet anrichten und sofort servieren.

Das Restaurant Falken als Schaufenster für das Jugendsozialwerk

Das Restaurant Falken ist mit der Stiftung Jugendsozialwerk Blaues Kreuz BL eng verbunden. Das alkoholfreie Restaurant ist wie ein Schaufenster des Werkes für die Öffentlichkeit.

Der «Falken» hat eine bewegte Geschichte: 1836 wurde der Gasthof gebaut. Eine Blütezeit erlebte er als Solbad und entwickelte sich zwischen 1850 und 1870 zum bedeutendsten Hotel in Liestal. 1925 kaufte der Gemeindestubenverein Liestal den «Falken» und führte einen alkoholfreien Restaurationsbetrieb ein.

Wegen Überalterung des Vereins schenkte dieser 1995 dem in der Suchtprävention tätigen Jugendsozialwerk Blaues Kreuz BL das Hotel (www.jugendsozialwerk.ch). Seither führt das Jugendsozialwerk das alkoholfreie Restaurant mit abwechslungsreichen Mittagsmenüs, einem attraktiven Take away und einem kreativen Catering. Es ermöglicht Jugendlichen Praktikums- und Lehrstellen für ihre berufliche Integration. Unter der Regie von Küchenchef Peter Rüfenacht finden im Restaurant Falken immer wieder Aktionen statt, an denen sich auch Prominente für die Anliegen des Jugendsozialwerkes einsetzen. In den oberen Stockwerken eröffnete das Sozialwerk für junge Menschen die betreute Wohngemeinschaft Falkennest.

Die Stiftung Jugendsozialwerk Blaues Kreuz BL ist ein Dienstleister für Jugend- und Sozialarbeit. Sie engagiert sich unter dem Motto «Perspektiven entdecken» in der Sucht- und Präventionsarbeit sowie in der sozialen und beruflichen Integration. Sie arbeitet im Auftrag von Behörden und privaten Institutionen. Zum Bereich Kind, Jugend, Familie gehören die Fachstelle Familie sowie die Offene Jugendarbeit mit Jugendtreffpunkten, Streetwork und Jugendprojekten in verschiedenen Gemeinden. Die Mitarbeitenden begleiten Kinder und Jugendliche in ihrer persönlichen Entwicklung und ermöglichen ihnen eine vielseitige Freizeitgestaltung. Der Erlös dieses Kochbuches ist für die Offene Jugendarbeit bestimmt (PK 40-28886-1). Der Bereich Betreutes Wohnen umfasst die Wohngemeinschaft Falkennest und das Wohnzentrum Bernhardsberg, wo junge Menschen in schwierigen Lebenssituationen eine vorübergehende und betreute Wohnmöglichkeit finden. Die Angebote mit 35 Wohnplätzen dienen der Rehabilitation.

Im Bereich Arbeitsintegration/Betriebe finden Jugendliche und Erwachsene eine Tagesstruktur zur beruflichen Abklärung und Integration. Die Massnahmen mit 110 Arbeitsintegrationsplätzen werden im Arbeitszentrum Bernhardsberg in Oberwil und im Zentrum Pratteln mit den Programmen Take off, jobs2do, PerspektivA und Reprofil angeboten. Im Facility- und Allround-Service, in der Brockenhalle Reinach, dem Regioladen Tri-Color in Oberwil und im Restaurant Falken in Liestal bietet das Jugendsozialwerk Blaues Kreuz BL arbeitsmarktnahe Integrationsarbeitsplätze an.

Der Kaffee für Geniesser